エステル・デュフロ

貧困と闘う知

教育、医療、金融、ガバナンス

峯陽一／コザ・アリーン訳

みすず書房

LE DÉVELOPPEMENT HUMAIN:
Lutter contre la pauvreté (I)

LA POLITIQUE DE L'AUTONOMIE:
Lutter contre la pauvreté (II)

by

Esther Duflo

フランス開発庁（AFD）とのパートナーシップのもとで、コレージュ・ド・フランスは、国際講座「貧困と闘う知」を創設した。この講座には、開発の様々な次元（経済のみならず、水やエネルギーに対するアクセス、保健衛生、都市化など）にかかわるハイレベルの専門家たちが結集している。そこで実施される講義は、現場におけるAFDの活動のよりよい理解と、その改善に貢献するものである。同講座は、これらの問題に関する質の高い考察を一般の人々の間に普及させる活動にも参加している。

公共機関であるAFDは、南の国々において貧困と闘い、開発を促進するために、六〇年以上にわたって活動してきた。AFDは、フランス政府が定めた開発政策を実行に移している。開発プロジェクトに対する資金供与を超えて、AFDは知識の生産という重要な活動をも担っている。AFDは国際的な大論争に活発に関与しながら、テーマ別、セクター別、および地理的な分析を行うことで、公共の開発援助を運用する戦略の立案に貢献している。

謝辞

本書は、フランス開発庁（ＡＦＤ）の協力で資金供与を受けた年間講座「貧困と闘う知」の一環として、二〇〇九年一月に行われた四つの講義に基づくものである。同講座の初代教授に就任する名誉を与えてくれたピエール・コルボル、フィリップ・クリルスキー、ピエール・ロサンバロンに、とりわけ感謝する。エレーヌ・ジャコビノは、原稿の起草にあたって重要な役割を果たしてくれた。バンサン・ポンスは注と図表を追加してくれた。コラ・デュフロとイワン・ジャブロンカは草稿を通読し、その改善に大いに貢献してくれた。本書は研究者、アシスタント、パートナー機関のネットワークによる共同研究の巨大な氷山の一部にすぎない。密接な共同作業を行っている私の協力者たち、すなわちアニー・デュフロ、パスカリーヌ・デュパ、レイチェル・グレナースター、マイケル・クレマー、ロヒニ・パンデ、クザイ・タカバラシャに、そしてとりわけ、私の考察に常にインスピレーションを与えてくれるアビジット・バナジーに、心から感謝する。ビオレーヌ・デュフロは私に奉仕への情熱を与え、ミシェル・デュフロは知ることへの情熱を与えてくれた。本書をふたりに捧げたい。

貧困と闘う知▒目次

第Ⅱ部　自立政策　93

第Ⅰ部　人間開発

第Ⅰ部の序

教育と健康は、それ自体に価値があると同時に経済成長の要因でもある。このことについては、他のテーマでは例がないほど、しっかりしたコンセンサスが得られている。経済学者のなかで教育と健康の一義的な重要性をとりわけ強調しているのが、アマルティア・センである。センにとって、健康と教育は、人間の生の発展における本質的な能力、彼の表現によれば「ケイパビリティ」である。それなしには、自由やウェルビーイング〔よき生〕といった観念は意味をなさない。[1] 国連開発計画（UNDP）は、センの影響力のもとで一九九〇年に「人間開発指数」を発表したが、これは国の発展を計測する手段として、やがては国内総生産（GDP）に代わるものと見なされるようになる。[2] この指数は平均余命、就学年数、一人あたり所得の平均値である。したがって健康と教育が、指数の三分の二を占めていることになる。

最も保守的な経済学者たち、すなわちノーベル経済学賞を受賞したシカゴ学派の三人をはじめとする人々でさえ、教育と健康の重要性を認めている。セオドア・シュルツは（物的資本とのアナロジーで）「人的資本」の概念を生み出したが、これは個人の才能と適性の総体を指し示すものであり、教育と健康を本質的な構成要素としていた。ゲーリー・ベッカーはこの概念を一般に普及させ、さらにロバート・ルーカスは、人的資本は持続的な成長のエンジンだと考えた。

こうした信念は、アカデミックな世界に限られるものではない。一九九五年から二〇〇五年まで世界銀行の総裁をつとめたジェイムズ・ウォルフェンソンにとって、女子教育はいわば奇跡の解決策であり、それはあらゆる側面において開発に奉仕する。「女子教育は、乳幼児と妊産婦の死亡率を下げ、彼女たちが将来産む子どもたちの教育水準を、男の子についても女の子についても高め、生産性の向上と環境マネジメントの改善を達成することを可能にする。それらをあわせると、より急速な経済成長、そしてとりわけ成長の果実のよりよい分配がもたらされるのだ[3]」。

教育と基礎保健サービスに対するアクセスを万人に保証すべきことについて、発展途上国とドナーは、原則を明言するにとどまらず、確かな意志を共有しているようだ。一八九カ国が二〇一五年までに実現させようと計画した「ミレニアム開発目標」の八つの項目のうち、三つは健康（乳幼児死亡率を下げること、妊産婦の健康を改善すること、エイズ、マラリア、その他の病気と闘うこと）、二つは教育（万人に初等教育を保証すること、とりわけ教育に関して男女平等を促進すること）に関係していた[4]。「ミレニアム開発目標」に関する二〇〇九年の報告書は、確かな進歩を伝えている[5]。二〇一五年までに普遍的な初等教育を達成するという目標には至らないにせよ、小学校の就学率は改善した。二〇〇七年には、発展途上国全体で就学年齢の子どもたちの八八パーセントが学校に通うようになった（二〇〇〇年には八三パーセントだった）。この報告書はまた、アフリカにおいて実現した医療アクセスにかかわる進歩、とりわけ、蚊帳の配給や麻疹の予防接種に関する進歩を強調している。

こうした進歩にもかかわらず、世界の教育と健康の現状は楽観を許すものではない。たいていは予防もしくは治療できたはずの病気が理由で死亡した五歳未満の子どもたちの数は、確かに、一〇〇〇万人というシンボリックな基準線を下回った（二〇〇七年に九〇〇〇万人）。しかし、アフリカにおける乳幼児死亡率は、まったく改善されていない。妊産婦死亡率も、二〇〇〇年以降、まったく変化していない（世界で毎年五〇万人の女性が出産中に死亡している）。子どもたちが学校に通えるようになったとしても、そこで何かを勉強しているとは限らない。インドでは、就学している子どものなかで数行の簡単な文章を読める者は半分にすぎない[6]。残念ながら、インドは例外ではない。学力調査を体系的に実施した場所では、どこでも同じような現象が現れている。生徒たち、とりわけ農村における最も貧しい子どもたちの知識の欠落は、恐るべきものである。皆が学校に通うべきだというのは、ある意味では幻想である。医療機関や学校における職員の欠勤があまりにも多いのだ。世界銀行は、二〇〇四年、その最も重要な公的出版物である年次報告書において、「社会サービスは貧者を裏切った[7]」という結論を下している。

こうした失敗のせいで、より一般的には教育や健康に関する進歩の遅さのせいで、「援助の懐疑論者たち」は、人々の選択を変えようと試みても無益であり、有害でさえあるという考えを強めることになった。人々が自分たちの子どもを学校に通わせない、あるいは寝るときに蚊帳を使わないことを選択したとすれば、その行動にはもっともな理由があるというのである。他人に何らかの行動を無理強いしようと試みるのは、ギリシア神話に出てくるアウゲイアス王の家畜小屋の掃除と同じくらいに無駄な努力であり、絶えずやり直す羽目になる。ウィリアム・イースタリーによれば、アフリカにおいて乳幼児死亡率が下がらなかったのは、無料で配られた蚊帳が漁網やカーテンとして使われてしまったためである。成長の原動力としての教育の優位性さえも見直しを受けようとしている。一九六〇年代以降に教育水準の向上が最も著しかった国々が、他の国々よりも急速に発展したわけではない。最も豊かな国々の住民の教育水準が高いとしたら、単にそれは、繁栄した経済の下ではそのほうが得であり、役に立つというだけのことだ、というのである[8]。

この種の理屈には筋が通っているし、表面的には魅力的である。発展途上国の住民たちは、国際援助の圧力団体が奪い去った自律性を回復するというわけだ。つまるところ、人格の尊重と基本的自由の名において、私たちは、諸個人が自らの可能性を発展させるのを助けるなどという考えは捨てたほうがいい、ということになる。かれらが自発的にそうしたいと望むのであれば別であるにしても。こうした議論は、最も裕福な者たちが財布のひもをゆるめずに、ぐっすり眠るのに適している。

しかし、この議論は、アマルティア・センやロバート・ルーカスの肝心な教えを無視している。アマルティア・センが示すように、ケイパビリティがなければ、（束縛がないという意味での）自由は意味をなさないのである。[9] ベンガル大飢饉において生き残れなかった農民たちも、食べ物を買う自由は有していた。しかしインフレによって購買力が縮小していたため、かれらは実際にそうすることはできなかった。教育を受けておらず、周囲の人たちも読み書きができないような環境で暮らしている母親は、自分の子どもに違う未来を考えてあげられる状況にはない。予防接種は命を救う最も有効な手段の一つであるが、それに対する自発的な需要は弱い。あらゆる種類の障害（違う未来を考えてあげられなかったり、子どもの教育のための資金を貯蓄してあげられなかったり）によって自由を制限されている人々自身のイニシアチブに、ケイパビリティの発展を完全に委ねてしまってはならないのである。正義に基づいて、教育と健康については社会が責任を負わなければならない、とセンは結論づける。

政治的スペクトルのもう一方の端において、ロバート・ルーカスは、人的資本が伝染するという現象（経済学者の専門用語では「外部性」と呼ばれる）を強調している。[10] 教育を受けた者は、自分自身がもっと生産的になるというだけでなく、新しいアイデアの採用を促進したり、現存する資源のよりよい利用を擁護したりすることによって、周りの人たちをさらに有能にしていくのである。健康に関する外部性は、いっそう明らかである。つまり、病人は周りの人たちを感染させる可能性が非常に高いのだ。ところが、個々人はこうした外部性を考慮に入れないため、自分たちや自分の子どもたちの人的資本に十分に投資しない傾向がある。したがって社会には、自発的にそうしようとするよりも多く投資するよう人々に奨励する（それどころか強制する）権利がある。そこから、学費の免除、基礎的なヘルスケアの無料化、義務教育、そして健康や教育に関するあらゆる自主的な政策が正当化されることになる。

社会（とりわけ貧しい国の社会）は最低水準の教育と保健医療サービスを確保できるように介入すべきである。しかし、この介入する権利が大きな勝利を収められるようにするには、具体的にどうしたらよいのだろうか。あなたたちの善意は立派だけれども、需要のロジックを逆さまにしようとして、流れに逆らって泳いでいるのではないか。懐疑論者たちはそう言い返すだろう。そのような企てが無駄であることは、健康と教育のために合意された努力が失敗してきたことで、何十年も前から証明されているではないか。こうした批判は単なるひねくれではなく、本質的な難しさを指し示している。社会が自発的な需要を超越して教育と健康を増進しようとするのであれば、それらの質を保証する責任は社会のみが負うことになる。社会は民間セクターとは異なり、学校や予防ケアを組織する最良の手段を見出すにあたって、市場の力の自由な動きを当てにすることができない。というのも、この自由な動きがまさにそれらの衰退をもたらしてしまうからである。したがって、これらのサービスを実践的にどう組織するかをじっくり考えない限り、教育と健康への権利を支えることはできないということになる。

市民に健康と教育を保障するという義務は、偶然の状況にまかせたり、気まぐれな大盤振る舞いにまかせたりするには、あまりにも重大である。突発的な失敗が起きると、提供された努力（とりわけ国際援助を通じた努力）の信用がまるごと失墜する恐れがある。したがって、世界における健康と教育の発展は、評価の技術に裏打ちされたものでなければならないし、選択の問題が提起されなければならない。つまり、最良の政策、すなわち定められた目標に到達するための最も効果的な政策を、どうやって決めればよいのかという問題である。これはきわめて具体的なことを考えさせる。学校教育は無料にすべきだろうか、それとも有料にすべきだろうか。クラスの最適な生徒数は何人だろうか。農村のすぐ近くに診療所を建てるべきだろうか。それとも、農村地帯の患者を都市の病院に移送するべきだろうか。こうした様々な選択肢から何かを選ぼうとすると、直感や抽象的な議論は、指針とするにはきわめて不確かである。唯一の解決策は、それぞれの政策を厳密に試験し、それぞれの費用と効果を比較することである。

新薬の効果を試験するために、薬学は「臨床試験」を開発した。すなわち、ランダムに選ばれたサンプルに新薬の治験を実施し、対照群にはプラセボ〔偽薬〕を投与するというものである。処置群も対照群もランダムに選ばれているので、それらを比較すると、新薬の効果だけが確実に浮かび上がってくる。ランダムな割り付けに基づく治験が実施されない限り、新薬が承認されて市場に出されることはない。二〇世紀、臨床試験は医学の実践を刷新した。

残念ながら、教育と健康に関する政策については、同じことが当てはまらない。多くの場合、政策が一般化する前に厳密な評価が行われることはないのである。政策が一般化した後は、政治的な賭け金があまりにも大きいために、客観的な総合評価を確立することができなくなってしまう。こうして、イースタリーが対外援助はすべて無駄だったと結論づける一方で、潘基文《パンギムン》国連事務総長は、とりわけ国連が支援した政策のおかげで、私たちは「ミレニアム開発目標」に向かって前進したと表明することができた。実を言えば、両者ともに、自分の立場の正しさを証拠づける確かな材料を持ち合わせてはいない。いずれにせよ、過去の経験から教訓を学ばないとしたら、そして、政府が新しい計画を立ち上げるときに他国の成功や失敗を考えに入れないとしたら、公共の支出の効果は限定されたものになってしまうだろう。

臨床試験から着想を得ることで、教育や健康にかかわるパイロット・プログラムの評価を実行することができる。そうすれば、これらのプログラムが効果的かどうかを明確にできるだけでなく、それらを比較して、こうした分野において需要を決定する要因をよりよく理解することもできるようになる。このランダム実験（または「ランダム化された」評価）は、計画の実施に偶然の要素を導入する。ある事例においては、（村、学校、または受給者のなかで）ランダムに選ばれた下位サンプルを対象として特定のプログラムを実施し、こうやって「処置を受けた」村で得られた結果を、そうではない対照村の結果と比較する。別の事例においては、二種類の介入の仕方が比較される。たとえば、半分の学校では生徒たちをくじ引きで二つのクラスに分け、残りの半分の学校では成績別に二つのクラスに分けてみる。サンプルの規模が十分に大きければ、[11]サンプルの選択がランダムに行われている以上、効果を確定したいプログラムが導入されているかどうかを除くすべての点において、処置群と対照群は（あるいは異なる種類の介入を受けた二つの群は）、平均的には確実に似ていることが保証されている。

そのコンセプトの明快さ、その柔軟性、そしてそれが政策と研究の交差点に位置していることによって、ランダム評価は特別に豊かで汎用性が高い道具になった。[12]過去一〇年間、途上国では、マイケル・クレマーとアビジット・バナジーが切り拓いた研究に続き、この方法を活用して古い解決策と新しいアイデアを評価しようとする人々が非常に増えてきている。研究は相変わらず活発なペースで取り組まれており、今日の私たちは、健康と教育の分野において豊かな展望を描くための事例と研究成果を十分に利用することができる。

本書では、こうした実験について報告することで、人間開発の挑戦に新たな光を当てることにしたい。私たちは、伝統的な政策はどの程度まで目的を果たすことができたのか、そして、これほどまでに進歩が遅いのはなぜなのかを、理解しようと試みる。この探究を進めるにあたって、私たちは、成功したか失敗したかを単純に確認するだけの作業をきっぱりと放棄し、親や子ども、教師や医療従事者といったアクターの行動や動機の豊かさを明らかにしようと試みる。これらをよく理解することによって、私たちは、より効果的な政策を立案するための道筋を提案できることになるだろう。

第1章　教　育——通わせるか、学ばせるか

これまでの二〇年間、すべての子どもに普及したわけではないにしても、初等教育が世界に広がったことは疑えない。これはとりわけ、発展途上国の政府が大きな努力を払ってきたおかげである。たとえば、一九九九年から二〇〇六年までの間に、サハラ以南アフリカ諸国の初等教育の就学率は五六パーセントから七〇パーセントに増加した。同じ時期に、東南アジアの就学率は七五パーセントから八六パーセントに上昇した。[1]こうした拡大には、どのような要因や政策が貢献したのだろうか。さらに重要な問いを投げかけてみよう。これは進歩を意味しているのだろうか。入学した子どもたちは毎日学校に通っているのだろうか。そこで本当に勉強しているのだろうか。通学する大勢の子どもたちに真の教育を提供するために、そして親たちの賛同を受け続けるために、学校は状況にどう適応していくべきなのだろうか。

教育を普及させる——伝統的アプローチ

伝統的な教育政策は、二つの原理の上に成り立っている。第一の原理は、普通教育の妨げになっているの

は主として親であるという想定である。だとすると、子どもを通学させるように親を説得することが優先されなければならない。第二の原理は、学費が大きな負担になっており、そのせいで親がためらっているという信念である。実際、子どもが学校に行くと二種類の費用が発生する。すなわち、直接的な費用（入学金、交通費、制服や教科書の購入費など）と、間接的な費用（または「機会費用」と呼ばれるもの）である。実際、子どもが学校にいる間は、その子は親の農作業を手伝えないし、妹や弟たちの面倒を見ることもできない、といった間接的な費用が発生することになる。

学校教育に補助金を出す

過去三〇年間、途上国の経済政策は、学校に関して主に二つの課題を重視してきた。就学と費用である。「ミレニアム開発目標」には、教育に関する二つの目標が含まれている。二〇一五年までに、すべての子どもたちが小学校に通えるようにすること、そして、性別による格差を解消することである。ただし、学習という観念が明記されたのは（二〇〇〇年にダカールで開催された）世界教育フォーラムの宣言が初めてであり、しかもそれは最終結論の六番目に記されていただけだった。学校に通うことは、それ自体が一つの目的だと見なされているのだ。

就学を促進するために優先的に取り組まれているのが、直接費用と間接費用の軽減である。二〇〇〇年から、アフリカのいくつかの国（たとえば、ケニア、ガーナ、ウガンダ）は小学校教育の無償化を開始した。入学金は廃止され、学校が親に負担金を要求することもできなくなった。これまでの二年間、いくつかの国では中等教育の無償化も導入された。同様に、機会費用を引き下げるために、条件つきの社会福祉移転プログラムが広がった。それはたとえば、家族手当（あるいは最低社会保障）を給付するにあたって、乳幼児の予防ケアや栄養補充、より成長した子どもの場合は学校への就学など、特定の行動を条件とするものである。学校給食の無料化もまた、費用を低減させる。学校で食事をする子がいれば、その分だけ家で食事を出す負担が軽くなるだろう。そういうわけで、インドのすべての学校で温かい食事が提供されている。この政策は栄養を改善するために考えられたプログラムであるが、親が子どもを学校に毎日通わせる動機にもなっている。給食は、かつて存在していた（穀物または米の）食糧配給に取って代わるものだった。規則的な通学を食糧配給の条件にすることは現実には非常に困難であり、子どもたちは、配給の日だけ学校に現れたものである。必要となれば、そのような家族が配給品を手に入れられるように、教員が登記簿を偽造することもできた。(2)だとすると、給食プログラムが成功したのはなぜだろうか。そして、その限界は何だろうか。

すでに見たように、就学率は過去二〇年間に著しく上昇した。この発展は、どの程度まで、親の理解の向上のような付随的な要因ではなく、学校にかかわる費用の低下そのものによってもたらされたのだろうか。この質問に答える方法の一つは、教育費の低下のインパクトを調べてみることである。学費は無償だが制服の着用は必須であるような国では、制服に補助金を与えることによって、教育費の低下の効果を測ることが可能になるだろう。たとえばケニアでは、制服を着ていない子どもを学校から追い返すことを禁止する法律があるけれども、すべての子どもたちが一着は制服を持っているし、制服を着ていない児童は学校に居づらいだろう。制服はほぼ一般化しており、制服代は親の負担が残る唯一の費用である（実際、ケニア政府は、入学金に加えて教科書や学用品の代金も負担している）。ケニアでは、制服一着の値段はおよそ六ドルである。一人当たり国内総生産が六四四ドルの国では、この出費は無視できるものではない。

制服の無料配給が就学に与えるインパクトを評価するために、ある実験が行われた。(3)エイズ予防の調査に参加していた三二七の学校のなかから、一六三の学校がランダムに選ばれた。六年生の年度の中頃に制服を支給し、その一八カ月後に引き続き就学している子どもに再び制服を支給した。そうすると、一回目の支給から二年が経った時点で、女の子の退学率は一八パーセント（対照校）から一五パーセント（実験校）に減少し、男の子の退学率は一三パーセントから一〇パーセントに減少した。両事例ともに、退学率の無視できない低下を示している。したがって、直接費用が教育の妨げになっていること、およびそれらの費用の大幅な削減が就学の普及におそらく大いに貢献することは、明らかである。制服そのものに関して、この調査から二つの提案が導かれる。まず、制服を廃止すべし。だが、それはケニアの文化的な背景を考えると難しいだろう。でなければ、最も貧しい子どもたちの制服に補助金を出すべし、ということになる。

親に支払う

メキシコで実施したＰＲＯＧＲＥＳＡプログラムを通じて、私たちは費用の影響を計測することができた。この実験は、経済政策の厳密な評価がもたらすインパクトに光を当てている点でも興味深い。ＰＲＯＧＲＥＳＡは、制度的革命党（ＰＲＩ）党首セディージョ大統領の協力者であるサンチャゴ・レビが監督するチームが考案したものである。いくつかの社会福祉移転プログラムが統合されて、単独の給付になった。そして、この給付金では、家庭の資力に加えて、特定の行動を条件とすることが定められた。たとえば、子どものいる家庭では、子どもが学校に通って真面目に勉強することが給付の条件になった。

ＰＲＯＧＲＥＳＡは、いくつかの理由で、就学の増加をもたらすことが予想されていた。支給される手当は、単純に収入に影響を与えることで、学用品や学校へ通うための服を購入するのを助けることになる。この所得は女性に給付されたが、それは、女たちのほうが教育熱心だと考えられたからだ。また、就学を給付の条件とすることで、教育の機会費用を低減することができた。子どもが学校に通うだけで家族に所得が給付され、その総額は、十代の子が働いたときの収入に相当するように計算されていたのである。サンチャゴ・レビたちは、PRIが次の選挙で敗北することを想定し、万一に備えて、政権が代わってもこの計画が続くようにしようとした。そこで、できるだけ説得力のあるパイロット実験に着手し、比較実験を実施することにした。この計画に参加する四九五の村が選ばれ、そのなかからランダムに選ばれた半分の村において、PROGRESAが実施された。

調査の結果、初等教育に対するプログラムのインパクトは弱いことがわかった。メキシコでは初等教育がすでにおおむね普及していることを考えると、この結果は予想通りである。ところが、中学校の女子就学率は、(対照村では六七パーセントだったのに対して)実験村では七六パーセントに上昇し、男子も(対照村では七三パーセントだったのに対して)実験村では七九パーセントに上昇した。(4) 厳密な調査のおかげで、就学に対しても健康に対しても、プラスの影響があることが証明されたのである。こうしてPROGRESAは成功だと見なされ、予想通りにPRIが敗北した後も、次の政権によって引き続き実施され、拡大されていく(唯一の変化は、名前が「オポルトゥニダデス(機会)」に変わったことである)。それどころか、三〇以上の国々でプログラムが再現されていった。そこにはラテンアメリカ諸国からアフガニスタンまで、さらにトルコやニューヨーク市が含まれる。

能力主義の奨学金はフランス第三共和制の教育政策の礎石だったが、これもまた条件つき所得移転の一形態である。この場合の条件は、成績の向上である。奨学金は、学費の負担を軽減すると同時に、授業への参加と学習の努力に対する報償として支払われることになる。これに対する最初の評価は、ケニアで実施された。(5) そこでは学年度末の試験で優秀だった(学区で上位三分の一以内に入った)女子生徒に奨学金が与えられた。奨学金の総額には(当時はまだ存在していた)入学金および制服の購入費が含まれており、さらに、原則として子どもの必要を満たすために、奨学金の一部を親が取っておくことも認められた。この奨学金は、女の子の勉学に対して、出席率が向上し成績が改善するといったプラスの効果をもたらしたが、さらに驚くべきことに、奨学金とは関係がないはずの男の子にもプラスの効果を与えた。報告書の執筆者たちは、教員たちの姿勢の変化によってこの結果が生まれたと説明する。つまり、（おそらく親からの圧力もあって）クラスの女子生徒が奨学金を受けられるように教員がそれまで以上に教育に力を注いだ結果として、女の子も男の子も利益を受けることになったというのである。

ここまで見てきたように、途上国では親たちが子どもの勉学の最大の妨げになっていると考えられている。子どもたち自身の役割は過小評価されている。そのことは、条件つきの社会福祉移転も能力主義の奨学金も常に親に給付されており、子どもたちが直接受け取ることはありえないという事実にはっきりと示されている。ところが豊かな国では、たとえばニューヨークでは成績がよい中学生（ケニアの奨学金の対象者と同じ年齢である）に電話の通話ポイントを与え、イスラエルでは高校卒業試験に受かった学生に奨励金を与えるといった形で、子どもたちに報償が与えられている。[6] いずれにせよ、金銭的なインセンティブは子どもに与えるよりも親に与えたほうが効果的だということは、自明ではない。親が子どもたちの意欲を呼び起こし、応援することができるなら、親にインセンティブを与えたほうが効果的だろう。しかし、子どもたち自身の意欲が一義的に重要だとすれば、子どもたちにインセンティブを与えたほうが効果的だろう。

この仮説を試すために、インドのニューデリー郊外のいくつかの貧しい学校で実験が行われた。[7] このプログラムは、数週間で読書力を増進できた子どもに（学年度末の賞に相当するような）小さなご褒美を与えることを約束した。このご褒美は（おもちゃの形で）子どもたちに与えるか、または（それに相当する金銭の形で）親に与えることになっていた。ここで得られた結果は、子どもの家庭環境の大切さを証明するものだった。

親が子どもの学習を支援できるようなやや恵まれた環境では、親に褒美を与えると、子どもの努力（とりわけ自由選択の補習授業への参加）と成績に大きな影響が出たのである。あまり恵まれていない環境（親が読み書きができなかったり、忙しすぎて子どもの勉強を見てやれなかったりする）では、子どもに直接ご褒美を与えたほうが効果的だった。

伝統的アプローチの限界

できるだけ多くの子どもたちを学校に通わせるには、まずは入学させることが一義的に重要であり、親はそれを実現するために説得すべき重要な主体であり、その真の妨げになっているのが教育費の問題である。伝統的なアプローチは、そのように考える。上記の調査は、この立場に根拠がないわけではないことを証明した。就学も、授業に集中する努力も、経済的な条件の影響を受けやすいのである。しかし、これらの事例のコンテクストを見ると、また別の問題が表れてくる。まず、子どもたちのモチベーションの問題があり、それは子どもたちが教育を受ける最初の世代でもあるような環境では特に重要である。そして、教員たちのモチベーションの問題がある。

古典的なアプローチの第一の欠点は、子どもの欠席に注意を払わないことである。表1を見ると問題が明らかになる。学籍簿がねつ造されることも多いので、欠席の問題を明らかにするために、異なるクラスで、そして（都市あるいは農村の）異なるコンテクストをふまえて、不意打ちの点検が行われた。欠席率は国によって一二パーセントから五四パーセントまで多様である。つまり、就学していることが、実際に学校に行っていることの保証にはなっていないのだ。このアプローチの第二の限界は、教育の（直接的ないし間接的な）費用の問題にかかりっきりになって、介入できる他の要素を犠牲にしているという事実にある。そのような

表1　国別の小学校の児童欠席率

国	地域	年	学年	欠席率
ケニア　西部州[9]	農村	1998	幼稚園および1，2年	30%
ケニア　西部州[9]	農村	1998	3，4，5年	19%
ケニア　西部州[9]	農村	1998	6，7，8年	12%
インド　バドーダラー市[10]	都市	2003	3，4年	25%
インド　ムンバイ市[10]	都市	2003	3，4年	13%
インド　ラージャスターン州ウダイプル[11]	農村	2003	全学年	54%
インド　ウッタル・プラデーシュ州ジャウンプル[12]	農村	2005	全学年	49%
ケニア　西部州[13]	農村	2006	1年	13%
マダガスカル[14]	農村	2007	4年	14%

他の要素を二つ挙げてみよう。一つは、教育がもたらす利益に関する情報を親や子どもたちに提供できる、ということである。もう一つは、子どもたちの健康状態の劣悪さが欠席の理由の一部になっており、以下で検討するように、これもまた改善できるということである。第三の限界は、知識に関係している。子どもたちに何かを学んでもらうのに、教員の前に座ってもらうだけで十分なのだろうか。残念ながら、途上国における学習の成果は、就学の成果ほどに優れているとはいいがたい。たとえば、インドの毎年の全国調査によると、二〇〇八年の時点で六歳から一四歳までの子どもの九六パーセントが就学していた。ところが、小学校五年生の児童のなかで、二年生のレベルの文章を読むことができる者はたったの五六パーセントだった。単語がいくつか並ぶと文章を読めないという児童は一九パーセントだった。算数の成果は、もっと弱いものだった[8]。

学校教育への参加を促す

子どもたちは、なぜ学校に通うのだろうか。教育は子どもと親に日常的な喜びと苦痛をもたらす。しかし教育は、何よりもまず、一つの投資である。つまり、よりよい教育を受けた子どもたちは、より多く稼ぐことができて、(理屈の上では) より完璧な人生を送ることができるのだ。教育が現実にもたらす利益、もしくはもたらすと期待される利益を改善することも、就学率を上げる手段の一つになるかもしれない。

教育の利益の認識には、いくつかの要因が関係している。まず、知識を身につけていると労働市場で有利だということがある。したがって、労働市場の面において、教育の意義を高めるような改革を探求する必要があるかもしれない。中学校の卒業生でさえ身につけた知識を活かす職業を見つけられないとしたら、わざわざ高等学校にまで行く者はいないだろう。インドでは、緑の革命で初等教育が役に立つこと (利用する肥料と種の組み合わせをよりよく理解できるようになる) が知られるようになった地域において、子どもの就学率が他の地域よりも急速に改善した。[15] 二番目の要因は、教育の利益に関する情報にかかわっている。学校で学んだ人が少なく、教育を受けたごくわずかな人も出て行ったような孤立した村では、親も子どもも教育の実際の利益を知らない可能性がある。そして、最後の第三の要素は、現実に得られる利益を左右するような、教育の質にかかわる。ここでも再び、知識の問題が現れることになる。

教育の価値を知らせる

親 (と子ども) が教育に関する決断を下す際に教育の利益を考慮するかどうかを知るために、二番目の手段、すなわち情報という要因を作動させてみよう。教育の利益に関する情報が授業への参加と学習の努力を左右することがわかれば、そのような情報が大切であることを証明できる。ドミニカ共和国で行われた実験は、以下のことを示している。[16] 退学率が高い高等学校（就学している生徒の四五パーセントが翌年にはドロップアウトする）において、そのような状況は、何よりも、生徒たちが教育の利益を徹底して過小評価しているところから生じている。高等教育を終えたらどんな職に就けるのか、また、学校を中退した場合と卒業した場合とでは、どのくらいの給料を期待できるのか、と調査員が尋ねてみたところ、大部分の生徒たちは、違いは少ないと答えた（現実を過小評価していた）。そこで、学位が異なると平均給与がどう変わってくるかを生徒に教えるという、ごく単純な介入を試みた。一五〇の学校からランダムに選んだ七五校において介入を実施したが、それだけでも、ある程度の数の若者たちに学校に戻るよう説得するのに十分だった。介入が行われた学校では退学率が下がり、次の学年に学校に戻らなかった生徒は四一パーセントにとどまったのである。しかし、介入の効果が見られたのは、あまり貧しくない家庭だけだった。このことは、貧しい家庭では金銭的な障害が現実に大きい反面で、あまり貧しくない家庭においては、教育の利益に関する無理解が退学の原因になっていることを意味するように思われる。

マダガスカルの教育省は、農村の小学校三年生という異なる条件のもとで、同じような実験を行っている。[17] まず親に対して、教育の利益をどう認識しているか質問した。驚くべきことに常に過小評価しているとは限らず、回答には強烈なばらつきがあった。初等教育の恩恵を著しく過大評価する親もいれば、過小評価する親もいた。続けて、教員に介入作業を託し、六四〇の学校で親・児童・教員による懇談会を開催してもらった。そのうち四分の一では、教員たちはごく簡単な図解つき資料を使いながら、親たちに教育の利益を明快に伝達した。別の四分の一では、勉強したおかげで成功した「お手本」を学校に招いて、自分の歩みについて語ってもらった。こうした介入は、数字で説明するよりも実際の人間に対面してもらったほうが効果的である、と考えたユニセフ（国連児童基金）が提案したものである。三番目の四分の一では、親たちは「お手本」の人間と統計の両方に接することになった。そして最後の四分の一では、話は一般的なことにとどめて、正確な情報を親には一切伝えないようにした。

数カ月後、親たちを対象に、教育の効果をどう認識しているかに関する再調査を行った。このテーマに関する情報が提供された学校では回答のばらつきは小さくなり、意図がよく伝わったことが証明された。当初は教育の利益を過大評価または過小評価していた親たちは、もっと現実的なビジョンを抱くようになった。人の招待には、逆の効果があった。教育の利益に関する認識のばらつきが大きくなったのである。それはおそらく、「お手本」に出会ったことが、教育は宝くじのようなものだ、つまり、大成功を収められるか、それともあまり役に立たないかのどちらかだ、という印象をもたらしたからだろう。さらに、教育の利益に対する認識の変化は、行動の変化を伴った。情報が提供された学校では、初等教育の利益を過小評価していた親の子どもたちはもっと勤勉になったが、過大評価していた親の子どもたちはやや勤勉でなくなった。とはいえ、平均すると、説明会が開かれた学校では、子どもたちはいっそう熱心に勉強に取り組むようになった。

親と子どもに新しい情報を与えると、重要な効果が現れるかもしれない。マダガスカルの農村地帯においてさえ、親と子どもはそのような情報を完全に理解することができる。その反面、「お手本」になるような人物の訪問を受けても、期待されたほどの効果は現れなかった。すでに知られている原則、つまり教育はある人にとっては有益だが、違う人にとっては（おそらく）それほど有益ではない、ということを生き生きと例証するよりも、正確な情報を与えるほうが役に立つのである。これらの結果は、教育に関連する利益を認識することが親たちの判断の基準の一つになることを示している。親たちが教育をあまり信用できなくなってしまうと、就学の進歩を維持することができなくなるのだ。

生徒たちの健康状態

私たちは、子どもたちの就学を抑制している別の理由について言及した。かれらの健康状態である。実際、子どもたちが繰り返し欠席するのは病気が理由になっていることが多い。住血吸虫症などの原因になる腸内寄生虫は、世界の子どもたちの四分の一にまで広がっており、とりわけサハラ以南アフリカにおいて深刻である。腸内寄生虫は、おそらくそれ自体が命を脅かすわけではないという理由で、健康問題としては顧みられることが少ない。とはいえ、そのせいで子どもたちは疲れやすく、貧血状態になっている。しかし手当をするのは簡単であり、六カ月に一回一錠の薬を飲むだけで、最も一般的な種類の感染を予防することができる。したがって世界保健機関（WHO）は、この風土病地域のすべての児童に対して予防的治療を実施するよう勧めている。ところが、あまり費用がかからないにもかかわらず、そうしたプログラムはいまだにめったに存在していない。優先的な問題だとは思われていないうえに、双方が関係しているはずの保健省と教育省を協力させることが、しばしば難しいのである。

そもそも、学校で行われた調査において、これらの予防的治療には期待できないという結論が出たことがある。研究者たちは、同じ学校の内部で、治療を受ける子どもと受けない子どもをランダムに選んでいた。ところが寄生虫はとても伝染しやすいので、感染した子どもたちが治療を受けた子どもたちに再び病気をうつしていた。したがって、これらの調査はすべて治療の効果を過小評価していたことになる[18]（ちなみに、このことによって無作為割り付けそれ自体が奇跡の解決策ではないことがわかる）。感染症に対する治療のインパクトを調べるには、内部において相互感染がありうる集団の全員に治療を施す必要があるのだ。

そこで、ふたりの研究者が再調査を行った。かれらは子どもたち一人一人ではなく、いくつかの学校を丸ごとランダムに選んだ。[19] かれらは、三年間にわたって七五の学校で治療する計画をたてていたNGOと協力し、それらの学校をランダムに三つのグループに分けることにした。一年目にはグループ1の二五校が、二年目にはグループ1と2をあわせた五〇校が、そして三年目にはグループ1と2と3のすべての学校が、治療の対象となった。これらの学校では一年に二回の治療を実施した。一年目には、一二歳以上の女子学生――この治療は妊娠中の女性には不適切である――と、親が投薬に明確に反対した生徒とを除いて、その日に登校していたグループ1のすべての子どもたちが投薬を受けた。それまでの調査の結論とは逆に、治療を実施した学校では、すべての子どもたち――治療を受けた子も受けなかった子も――の健康状態の全体的な改善が確認された。感染率が下がり、血中のヘモグロビンの量が増加し、体重が増えて身長も伸びたのである。さらに興味深いことに、このプログラムは教育的にも成功を収めた。欠席率は平均して一四パーセント低下したが、これは子ども一人あたり〇・一四年分の追加教育に相当する。さらに、このプログラムの（治療を受けなかった子どもたちに対する）間接的な効果は、直接的な効果と同じくらい重要なものだった。このことは、子どもたちどうしの感染が重大であることを示しており、それ以前の実験の結果が期待外れだったのはなぜかを説明している。こうした感染の影響は、治療に補助金を出すべきだという主張の強力な論拠になる。というのも、個人が治療を受けるか受けないかを決断する際には考慮しないような社会的な便益を、治療がもたらしてくれるからである。このことについては、次の章で立ち戻ることにしよう。

この結果は孤立したものではない。インドでは、子どもたちに貧血の治療を実施すると、欠席率が下がった。[20] 合衆国の南部における寄生虫根絶の事例、あるいはスリランカ、パラグアイ、ラテンアメリカ、合衆国南部におけるマラリアの根絶の事例もまた、健康状態の改善を目的とする介入が同時に教育水準をも向上させることを示している。[21]

費用と便益

知識の問題を検討する前に、これまでに言及してきた様々な結論に注意を向けて、それらを比較する必要がある。すべての介入は同一のこと、つまり、子どもたちが学校で過ごせる時間を増やすことを目的としていた。ここまで見てきたように、(直接的または機会にかかわる)費用を引き下げ、金銭的なインセンティブを与えて規則的な出席を奨励し、教育がもたらす利益をよりわかりやすく伝え、生徒たちの健康を向上させることができるならば、この目的を達成することができる。これらのすべての介入は、毎日の登校にプラスの効果を持つという意味で「効き目」がある。しかし、これらの政策のなかから選択し、限られた予算をより よく使うためには、それぞれの政策の有効性だけでなく費用についても特定し、費用と効果の関係を確立する必要がある。

これらのすべての分野において、私たちは厳密な評価を利用できる。そこで、特定の政策の推定されるインパクトとその費用に関する情報を組み合わせることで、特定の介入によって教育年を一年延ばすのに必要な費用を計算してみよう。ここで大切なのは、(NGOを評価する際によく行われるように)プログラムにかかる費用どうしを比較するのではなく、まさに費用と効果とを関連づけることである。プログラムの影響が及んだ子どもたち全員分の費用を、そのプログラムによって得られた追加教育年数(インパクト評価の結果を用いて計算されたもの)で割ることで、この関係を計算することができる。

図1は、これを実行した結果であり、それぞれの介入ごとに、子どもが学校に通う年数を一年増加させるのにかかる費用を示している。PROGRESAプログラムの場合、中等教育では追加年あたり一〇〇〇ドルかかる(小学校の追加年はさらに高くなる)。そうなる理由は、奨学金が比較的に重視されているために政府

図1　実施プログラム別に見た追加教育年あたりの費用（ドル）

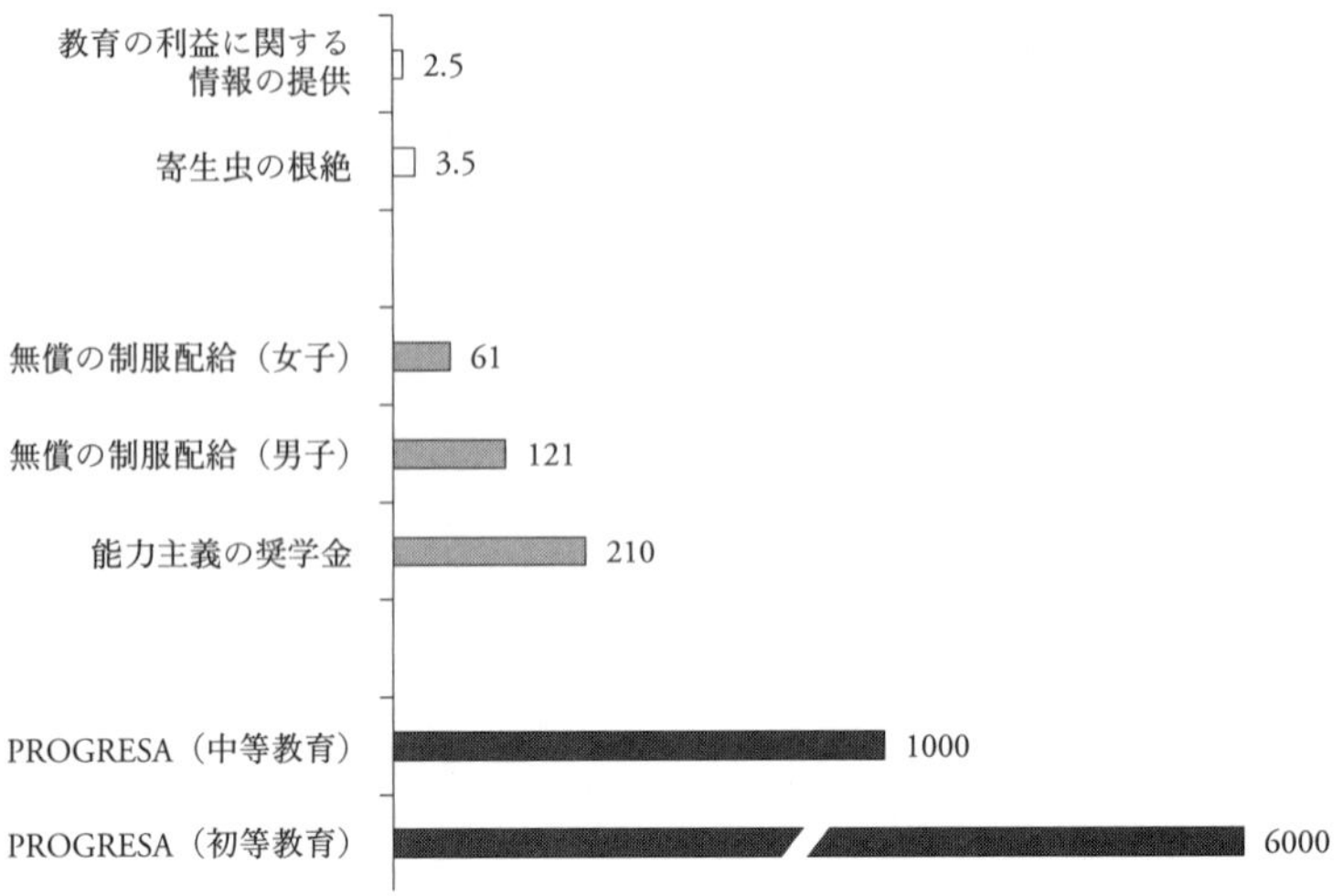

出典

1. T. Paul Schultz, "School Subsidies for the Poor: Evaluating the Mexican PROGRESA Poverty Program", *Journal of Development Economics*, 74(1), June 2004, pp. 199-250.
2. Michael Kremer, Edward Miguel and Rebecca Thornton, "Incentives to Learn", Working Paper, April 2008.
3. Esther Duflo, Pascaline Dupas and Michael Kremer, "Education and Fertility: Experimental Evidence from Kenya", Working Paper, June 2009.
4. Michael Kremer and Edward Miguel, "Worms: Identifying Impacts on Education and Health in the Presence of Treatment Externalities", *Econometrica*, 72(1), January 2004, pp. 159-217.
5. Robert Jensen, "The Perceived Returns to Education and the Demand for Schooling", Working Paper, 2007.

注　横軸には目盛りがない。

の負担が大きくなること、そして、どのみち就学していたはずの子どもたちの家族にもお金が支払われることである。ケニアで実施した制服の無償配給は、追加年あたりで女の子は六一ドル、男の子は一二一ドルかかる。同国の能力主義の奨学金は、追加年あたりで二一〇ドルかかる。アフリカにおける寄生虫根絶は追加年あたりで三・五ドルしかかからない。そして、教育の恩恵について親に説明する介入にかかる費用は二・五ドルである。

　したがって、教育費の支援を中心とする活動は、現在いちばん普及しているものだけれども、その他の教育への障害を考慮したプログラムや、もっと格式張らないプログラムと比べると、費用と便益の関係から見てはるかに不利だということになる。そこで見えてくるのは、何が効果的で何がそうではないかに関する直感を確かめるためだけではなく、正確な知識によってそのような直感を置きかえるためにも、プログラムの評価が大切だということである。たとえ直感が正当なものだったとしても、それは重要性の順序について完全に間違った情報を与えてしまうという意味で、不十分である。ただし、このような結果が出たからといって、条件つきの社会福祉移転、制服の支給、能力主義の奨学金を断念すべきだということにはならない。それらのプログラムは、教育の分野で効果をもつだけでなく、再分配が最も貧しい人々に恩恵を与える力をもつことも立証している。それらは教育を超えて、最も一義的な再分配という目的に仕えているのである。しかし、教育的なプログラムとしては、それらが最も優れているわけではないことを強調することが大切である。

知識の伝播

子どもたちが学校に入学し、寄生虫の駆除を受け、毎日学校に通い、教育がもたらす利益を意識した時、それだけで知識が身につくようになるだろうか。残念ながら、それは確実なことではない。毎年インドで行われるＡＳＥＲ（年次教育状況報告書）調査は、就学している子どもたちの半分が簡単な文章も読めないことを示している。ここまで示してきたような介入は、生徒たちの知識に対しては何のインパクトも与えておらず、このことは学校の無力さを証明している。こうした介入は子どもたちの出席率の上昇には貢献するが、年度末までに習得する知識の向上にはつながっていない。つまり、子どもたちは学校で過ごすようになった日数の追加から何の利益も得ていないことになる。結局のところ、子どもたちが学校で何も学習しないとしたら、かれらを学校に通わせるように親を説得することに意味があるのだろうか。

今日、親たちが自分の子どもが学校で習っていることを過大評価していることを確認するのも興味深い。インドで最も人口が多い州（独立した国だと仮定すると、世界で六番目に人口が多い国になる）であり、最も貧しい州の一つでもあるウッタル・プラデーシュにおいて、私たちは生徒に読書力テストを受けさせるとともに、親に対して子どもたちの知識水準に関する質問をしてみた。(22) 字が読めない子どもの親の六人に一人が、自分の子はすらすらと字が読めると思い込んでいた。自分の子どもは字が読めないことを知っていた親はたったの三分の一だった。算数の知識はもっと過大評価されていた。数字さえ読めない子どもの親の五人に一人が、自分の子どもは割り算ができると思い込んでいた。

たいして驚くべきことではない。親たち自身が字が読めず割り算もできないため、子どもの能力を直接確認することができないのである。普通教育が広がったのは比較的最近の現象なので、親たちはいまだに教育制度を信頼している。子どもたちは知識を得られますよと言われれば、それを信じるのである。しかし、すでに見たように、親たちは教育の利益にも注意を払うものである。自分の子どもたちが約束されたほどにはまったく学んでいないことに親たちが気がついたとき、信頼が失われ、就学において実現した進歩が水泡に帰する可能性は十分にある。

学校で教わる知識の力で子どもたちの未来が変わっていくと親が思わなくなったら、教育費を引き下げても大して役に立たないだろう。親の無知（あるいは、お人好し）につけ込んで普通教育政策を推進するのは、良識に反するし、危険なことでもある。したがって、親たち（あるいは未来の親である子どもたち）の信頼とモチベーションを維持しようとすれば、学校の質を改善することが不可欠になる。別の分野（とりわけ健康の分野）で得られた経験が示すところでは、公共政策の正当性に対する信頼がいったん失われると、それを取り戻すのは非常に難しくなってしまう。学校の質を改善することは、必須なだけではなく、緊急の課題でもあるのだ。

どうしたらよいのだろうか。第一に思いつく自然な答えは、教育に割り当てる手段をさらに増やしていくことである。ケニアにおいては、教育が無償化されてから、小学校一年生の生徒数はしばしば一教室あたり八〇人以上に達するようになった。インドでは、野外の太陽の下で授業が行われることがよくある。生徒たち全員分の机を、ましてや教科書を確保できる学校は、まれである。二つ目の可能性は、新しい就学人口のニーズに適応するように教育方法を変えるところにある。三つ目の答えは、教員のモチベーションを高めるところにある。教員のニーズよりも子どもたちのニーズに応えるような教育制度を組織するには、どうしたらよいのだろうか。

「同じものを増やす」という失敗

教育法や学習のインセンティブを変えないまま、手段を量的に増やす（新しい教師を採用したり、教科書を配布したりする）ことで教育の質を改善できるだろうか。途上国において実施された初期のランダム評価、とりわけこの方法のパイオニアのひとりでもあるハーバード大学教授マイケル・クレマーによるランダム評価の大部分は、まさにこのような種類の介入のインパクトを測定する目的で実施されていた。これらの評価には、考え方がシンプルであり（教科書の配布と成績の因果関係を立証しようとした）、比較的実施しやすく（同じ学校に通う子どもたちのデータを収集するほうが、孤立した各世帯を訪問して質問するよりも簡単だった）、この手段は有効であるという想定について皆の意見が一致するというメリットがあった。そういうわけで、異なるコンテクストのもとで学校に与える手段を量的に増やした実践の評価は、出そろっている。ところが、これらの実験はすべて期待を裏切るものとなった。

一九九五年、ケニアでは教科書は貴重品だった。したがって最も初期のランダム化実験の一つは教科書の配布のインパクトを評価するものだった。最初の調査結果では、そのような介入では生徒たちの成績は改善しないことが示されたが、この研究を行ったマイケル・クレマーは、得られた結果を信じることができなかった。そこで、サンプルを拡大して実験を再現するとともに、公的な学力テストは使わずに新しいテストを作成した。しかし、このような努力にもかかわらず、インパクトは頑固にゼロのままだった。教科書を手に入れても、平均的に見て、子どもたちはそこからいかなる利益も得ることができなかったのである。[23] 教育に関する啓蒙ポスターにも効果はなかった。[24] 同じように、一教室あたりの生徒数の削減も、他の変化が伴わない限りは成績の改善に結びつかないようである。[25] このことは、インドの農村部、インドの都市部、およびケニアで実施された実験によって明らかになっている。

八〇人のクラスよりも四〇人のクラスのほうが学習にふさわしい環境だというのは自明であるように思えるが、それを否定する結果が出たのはなぜだろうか。教科書配布の実験が、重要な手がかりを与えてくれる。すでに見たように、教科書を追加的に配布しても、学力テストの結果は平均的には改善しなかった。しかし、よく注意してデータを観察すると、教科書はやはり、ある種の生徒たちには役立っていることがわかる。それは、教科書が配布される前から他の生徒たちよりも勉強ができていた生徒たちである。教科書が配布される前に成績が上位一〇パーセントだった生徒たちだけを観察すると、教科書の配布対象になった生徒たちは、対象にならなかった生徒たちよりも学力が向上した。ケニアでは、一教室あたりの人数が多いだけでなく、子どもたちの学力レベルがきわめて不均一である。これは成功の代償でもある。教育政策の広がりのために学力レベルがばらばらになっており、その問題には、授業言語である英語の力の不均質さが含まれるのだ。

農村で暮らす子どもたちにとって、英語は第三の言語である。子どもたちは、まず地元の言葉を覚え、それからスワヒリ語を覚え、最後に英語を学ぶが、親たちは英語をほとんど話さない。ところが教科書は英語で書かれており、大部分の生徒たちには意味がわからない。配布された教科書を活用できたのが優秀な生徒たちだけだったのは、おそらくそのためである。

この解釈が正しいとすれば、これらの結果を見て私たちは心配になる。あらためて、教育カリキュラムの適切さが問われるからだ。多くの途上国で実施されているカリキュラムは、植民地時代のものを引き継いでいる。それは、植民地行政で働くことを想定して地元エリートを育成するカリキュラムだった。独立後も長年にわたって、有力者の家族だけが教育を受けることができた。教育が普及した後も、カリキュラムは変わらなかったし、授業内容も生徒の選抜方法も、教員への期待も変わらなかった。見学者を前にした教員たちの態度が、この点をよく表している。教員たちは自分の技量を証明しようとして、黒板を複雑な数式で埋め尽くす。教員たちは堂々とした風采で、立派に教科書を読み上げるが、その間、子どもたちはおとなしく窓の外を眺め、先生が終わるのを待っている。これは教員の不手際ではない。なぜなら、教員たちは自分たちは期待されている通りのことをしていると確信しているからだ。

手段を量的に増やす介入を行っても有効性がないのには、もう一つ理由がある。教員のモチベーションの欠如である。このことは、欠勤率を見れば明らかになる。二〇〇二―〇三年に行われた世界銀行の研究では、いくつかの国の学校で始業時間に不意打ち調査が実施された。バングラデシュでは一六パーセント、インドでは二五パーセント、そしてウガンダでは二七パーセントもの教員たちが欠勤していた。欠勤率がいちばん低かったのはペルーの一一パーセントだった。[26] さらに、物理的に学校にいたとしても、教員が授業をしているとは限らない。インドでは、不意打ち訪問の際に教壇に立っていた者は半分以下だった。その前の調査の一つでは、教員たちの行動（お茶を飲んだり、同僚と話し合ったり、政治的なビラをつくったり、トランプ遊びをしたり）[27]のリストが作成された。子どもたち自身が授業日のおよそ四分の一は欠席しているという事実を考慮すると、生徒一人あたり、授業を受けているはずの時間の八分の三（およそ三分の一）しか授業を受けていないという結論になる。教員には、提案された野心的なカリキュラムを消化する時間がない、というのも驚くべきことではない。

追加的な資源を利用して教育法とモチベーションを変える

ここまで述べてきたことで、手段の量的な増大だけで満足するような介入はなぜ失敗に終わるのかが明らかになった。モチベーションが低い教員たちは、これらの資源を利用して自分たちの仕事を減らそうとすることもある。ケニアでは、少人数クラスの効果を計測するために、ある学校群に対して、小学校一年生のために追加の教員を採用する予算が提供された。それらの教員は地元のコミュニティの出身で、更新可能な一年ごとの契約で採用されることになった。八〇人のクラスのかわりに、四〇人のクラスを二つ編成することが目的だった。ところが、この措置の副作用として、もとからいる教員たちは仕事をしなくなった。補助金の対象外の学校で不意打ち訪問を実施したところ、一年生の教員の五九パーセントが授業をしていたが、追加の教員を雇った学校で授業をしていた教員は、三四パーセントにすぎなかったのである。多くの場合、教員たちは二つのクラスを再び一つに統合し、新人の教員に生徒たち全員の面倒を見させていた。[28]

これは極端な例だけれども、もっと一般的な現象の現れでもある。補足的な財源は、教育手法の変化やモチベーションの向上のために実際に使われるのでなければ、子どもたちの利益にならない。逆に、財政支出を利用して教育手法を変え、教員のモチベーションを上げるような介入を実施すれば、積極的な効果がもたらされる。教育を専門に活動しているインドの大組織「プラタム」が、その好例である。「プラタム」はインド全土で数百万人の子どもたちに届く活動をしており、その仕事は公立学校で実施されている。「バルサキ」（子どもたちの友）と呼ばれているそのプログラムでは、補習授業が組織されている。一日に二時間、「バルサキ」のメンバー（一般に、高校を卒業したが教員の資格は持たない地元の若い女性たち）が、小学校三年生または四年生でありながら基礎知識（読み書きや算数）を修得していない子どもたちに勉強を教えているのである。勉強が遅れている子どもたちは、普通の授業の代わりに、補習授業のほうに参加することになる。

私たちはグジャラート州のバローダ、およびムンバイの両都市で、このプログラムの評価を行った。[29] これらの二つのケースにおいて、「プラタム」は、バローダのすべての学校およびムンバイの庶民的な地区において、学校ごとに一人ずつの「バルサキ」を採用するのに十分な予算を準備していた。したがって、プログラムの対象になる学校とならない学校をランダムに選ぶのは、合理的でないように思われた。そこで私たちは、三年生を対象としてプログラムを実施するグループと、四年生を対象として実施するグループとに、学校をランダムに振り分けることを提案した。こうして、すべての学校が援助を受けつつ、（プログラムが四年生に割り当てられている学校において）援助を受けていない三年生のクラスが、援助を受けている三年生のクラスに対する非処置群の役割を務めることができるようになった。その逆もまた同様である。

知識に対するプログラムのインパクトを評価しようとすると、それをどのように測定するかという問題が生じる。入学率や出席率の向上を目的とするものであれば、異なるプログラムを簡単に比較できる。しかし、知識について比較可能な測定値を得るには、どうしたらいいだろうか。学力テストは、それぞれ質問が異なっていたり、難度にばらつきがあったり、採点方法が違ったりする。したがって、母集団のテストの成績の分布を表現する標準化された測定値を利用することにしよう。すなわち、この標準化された評点においては、平均に等しい成績を得た子どもが〇となり、正の標準偏差の子どもが一、負の標準偏差の子どもがマイナス一になるのである。[30] クラスの成績の正規分布においては、プラス一の上昇は一〇〇人のクラスでは八四番目の成績からクラスの真ん中の成績に移行すること、あるいは九九番目から九〇番目に移行することに相当する。この標準化によって、異なるコンテクストのもとで実施された介入であれ、異なる学力テストを評価する介入であれ、すべての介入のインパクトを比較することが可能になる。一般に、介入が標準偏差の〇・一にあたる向上をもたらすとしたら、成果は良好だけれども比較的弱いと見なされる。〇・二は著しいインパクトに相当する。〇・三以上となると、そのプログラムは特に効果的だったとされる。

平均して、「バルサキ」には標準偏差の〇・三にあたる効果があった。出発点では最も成績が低かった（したがって補習授業から最も利益を得るはずの）子どもたちを観察すると、その効果は標準偏差の〇・六に達しており、きわめて重要なインパクトが見られる。それとは逆に、優秀な生徒たちは、より少ない人数のより均質なクラスで一日二時間（インドでは一日の授業時間の半分に相当する）の授業を受けられたにもかかわらず、このプログラムからは何の利益も得られなかった。ついでながら、このことは、教育法やモチベーションを変えずにクラスの大きさを削減するだけでは効果がないことを示している。

その後、「プラタム」は「リード・インディア」（「読むインド」）というプログラムを展開したが、これは農村の学校において、よく似た目標を追求するものだった。読み方の習得を中心とするこの介入は、対象となる村落でボランティアを募集して二週間の訓練を受けてもらった後、文字が読めない（または読む力が弱い）子どもたちのために、数カ月にわたって集中講習を実施してもらうものだった。私たちは、このプログラムをウッタル・プラデーシュ州で評価した。（プログラムの対象にならなかった）対照群の村では、一年後に文字が読めるようになった子どもは、もともと読めなかった子どもの四〇パーセントにすぎなかった。私たちの研究は、「リード・インディア」のプログラムではこの割合が一〇〇パーセントに達したことを明らかにした。同様に、文字が読めていた子どもたちは単語が読めるようになり、単語や文章を読むことができた子どもたちは読解ができるようになった。[31]

「バルサキ」や「リード・インディア」のようなプログラムは、同時に二つのことを変えようとする。すなわち、一方では、モチベーションが高い女性や男性の新たなアクターを登場させる。この新たなアクターは、子どもたちが成功することを本当に望んでいる人々である。他方では、教員たちの伝統的な使命を変化させる。教員の通常の任務は、たとえ子どもたちがついて行けなくてもカリキュラムを守ることであるが、「バルサキ」の任務は、字が読めない子どもたちに読解を教えることである。だが、これらの評価によってプログラムの有用性が確認できたにしても、私たちが何らかの教育政策を推奨できるかとなると、十分に自明ではない。結果が異なるのは教育法が理由なのだとすれば、教員たちに新しい技法を教え、優先順位を変えるように仕向ければ十分だろう。モチベーションのほうが問題だとしたら、「バルサキ」（またはボランティア）に対して、単なる基本知識の習得よりも広い任務を与えることが適切だということになる。したがって、これらの二つの側面を、別々に評価することが重要になる。

この評価を実行するために、そして、インドで得られた結果を異なるコンテクストのもとで一般化できるかを確認するために、私たちはケニアにおいて、よく似たプログラムの評価を実施した。この評価は、上記の二つの効果を識別するようにデザインされた実験要領に基づくものだった。[32] 小学校に学費の無償化を導入したことが引き金になって、教室が過密になったことは、すでに指摘した通りである。ところがその一方で、教員として養成された若者の多くが、政府にはかれらを採用する予算がないために失業している。以前には、学校が親たちから集めた寄付金によって、追加の教員を地元で一定期間採用することができた。しかし、寄付金を求めることが認められなくなったため、学校は生徒の増加と教員数の減少の両方に直面している。私たちは、オランダのNGO「インターナショナル・チャイルド・サポート」と協力して世界銀行の基金を獲得し、一四〇の学校において、追加の教員を以前と同様の契約内容（学校が合意すれば更新できる一年単位の契約）で採用することになった。

このプログラムに世界銀行が関心をもったのは、ケニア一国の事例を超えて、発展途上国では財政上の理由によりこの種の契約教員を利用することが増えている、という認識によるものである。このような短期雇用の契約は、一般の教員が大都市から遠く離れた学校に着任することを嫌がるのに対処するためにも利用されている。地方によっては常勤教員の採用が凍結され、新規の雇用は有期契約だけになっている。したがって、一般の教員の代わりに契約教員にどの程度まで依存するのがよいかを決めることが、特に重要になっているのだ。一部では、こうした改革が教育の質を犠牲にすることが懸念されている（ケニアの事例ではそうではないとしても、新しい契約教員はしばしば資格が劣っており、ほとんど常に経験が浅い）。他方で、こうした短期契約は教員のモチベーションの向上につながると考える人もいる。インドで実施された評価では、学校が正規教員の割り当て数に加えて一名の臨時契約の教員を採用できた場合には、生徒たちの成績が向上したことが示されている。[33] ただし、これは契約教員を追加することが有効であることを証明しただけであって、生徒たちにとって、正規教員よりも契約教員のほうが望ましいのか（または望ましくないのか）という質問の答えにはなっていない。

ケニアでの実験要領は、次のようにデザインされた。まず二一〇の学校から一四〇の学校をランダムに選ぶ。それらの学校は、資格を有するけれども失業中の教員を小学校一年のクラスに採用するのに必要な基金を受け取る。そうすることで、一つのクラスを二つに（時には二つのクラスを三つに）再編成することができ

図2　ケニアでのランダム評価の実験要領

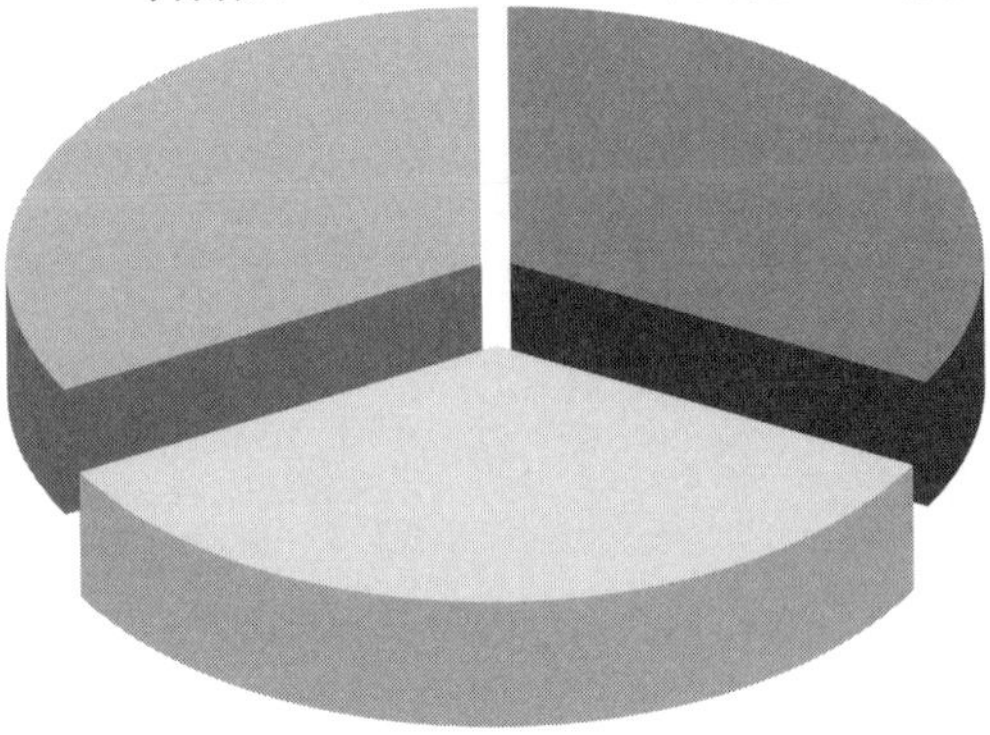

出典　Esther Duflo, Pascaline Dupas and Michael Kremer, "Peer Effects and the Impact of Tracking: Evidence from a Randomized Evaluation in Kenya", Working Paper, November 2008.

る。それから私たちは、学校と協力して、この新規の資源をより有効に使うにはどうしたらいいかを考えた。図2は実験要領を示している。一四〇校からなるグループは追加の教員を採用しており、残りの七〇校からなるグループが対照群を構成する。さらに、受益校はランダムにふたつのグループに分けられる。二校のうち一校では学力別にクラスが編成される。すなわち、各学期の生徒たちの成績に応じて、一クラスが二つのクラスに分割される（成績上位四〇人のクラスと下位四〇人のクラス）。残りの半分の学校では、生徒たちはくじ引きで二つのクラスに配分される。この二番目のケースでは、それぞれのクラスの生徒たちの成績は不均質である。一番目のケースではそれぞれのクラスの生徒たちの成績は均質であるが、成績の平均レベルは両者の間で大きく異なる。こうして私たちは、生徒たちの知識にばらつきがあると教員は授業がやりにくくなって、効率性が阻害されるのだろうか、という疑問に答えることができる。

この研究が情報を与えてくれる第二の点は、教員のモチベーションのインパクトにかかわっている。若くて経験が浅いけれどもモチベーションは高い教員のほうがよいのだろうか（というのも、そうした教員は一年契約で雇われており、おそらく契約の更新を、あるいは可能なら正規教員への任命を目指して、自分の実力を証明したいだろう）。それとも、経験は豊かだけれどもモチベーションが低い正規教員のほうがよいのだろうか。問題のこの側面を明らかにするために、グループが構成された後、教員たちはくじ引きでクラスを割り当てられ、そうやって二つのタイプの教員が担当する生徒たちの成績を比べることができるようになった。

このような複数のレベルを組み合わせた実験を行うことで、私たちは、クラスの人数のインパクトに限定することなく、教育法の効果についていっそう詳しく知ることができる。実験の結果は興味深いものであった。まず、学力別のグループはすべての子どもたちに有益だった。学力別クラスに配置された子どもたちは、くじ引きで配置された子どもたちよりも、平均して（クラスの規模と教員のタイプは一定として）標準偏差の〇・一四だけ高い成績を達成した。さらに重要なのは、この効果が、成績が優秀な子どもたちと同様に、成績が低い子どもたちにも見られることである。一般に言われているのは、学力別のグループを導入すると、同レベルで切磋琢磨できる優秀な生徒たちには有利になるけれども、成績の低い子どもたちには、優秀な同級生と一緒に勉強する利益を失うために不利になる、ということである。もちろんこの結果は、教育制度が大きく異なるフランスのような国には一般化できない可能性がある。しかし、少なくともケニアのコンテクストにおいては、同一のクラス内の生徒の学力が著しく不均質であることは、教員たちにとって問題だということが示唆されている。クラスをより均質にすることで、授業がよりよいものになったのである。データをより細かく分析すると、学力別のグループによって、成績の低い子どもたちがより速く基礎知識を身につけられるようになったこと、その一方で、優秀な子どもたちはより進んだ能力を活用して際立って急速に上達したことがわかる。このように、この実験は、教育法が果たす役割、とりわけ子どもたちのレベルに合わせた授業を実施することの重要性を立証している。

二つ目の結論は、新しい教員たちの生徒の成績が、正規の教員たちの生徒の成績と比べて標準偏差の〇・一八だけ高くなったというものである。ここにおいて、モチベーションの役割が明らかになる。ケニアでは教職はすべて有期雇用にすべきだという結論を下すのは、もちろん危険である。新しい教員たちのモチベーションが高いのは、かれらがまさに正規雇用を目指しているからかもしれないからだ。しかし私たちは、少なくとも、教員たちにモチベーションを与える手段を探ることが大切だと結論づけることはできる。

教員にモチベーションを与える——金銭的インセンティブが果たす役割

ケニアの若い教員たちのモチベーションは、先輩の教員たちよりも高い。その理由としては、正規教員になりたいというだけでなく、まだ若くて、仕事を始めたばかりだということもあるだろう。ケニアのプログラムの結果からは、金銭的インセンティブの役割を明らかにすることはできない。生徒たちの成績に応じて教員の報酬を変えるプログラムは、世界中に数多く存在している。たとえば米国では、「どの子も落ちこぼれにしない（ノー・チャイルド・レフト・ビハインド）」法によって、標準テストが定める最低の学力水準を満たさない生徒がいた学校は、処罰を受ける（最高の処罰では閉校になる）。しかし、この「どの子も落ちこぼれにしない」プログラムの評価は、あまり励みになるものではなかった。[34] そこで明らかになったのは、教員が合格しそうな子どもを選んで受験させる（そうではない子どもたちを補習クラスに送る）ことで標準テストの結果を操作したり、授業で受験準備ばかりやったり、生徒たちのために不正行為をしたり、といったことだった。[35]

インドやケニアといった発展途上国における奨励金プログラムの効果を測定するために、二つのランダム評価が実施された。これらのプログラムは、生徒たちの成績向上が群を抜いていた学区の教員に報酬を与えるものだった。プログラムが導入されたケニアの学校の生徒たちは、短期的には試験の成績がよくなったが、達成は長続きしなかった。この活動が終わるとすぐに、改善は消滅してしまったのである[36]（これとは逆に、学力別クラスのようなプログラムでは達成が持続する）。このプログラムでは、子どもたちの知識を持続的に強めることができなかったように思われる。教員たちの振る舞いをより詳しく分析すると、受験のテクニックを教えたり（たとえば、選択式のテストであればデタラメであっても必ず答えを記入する）、試験の直前に特別講習を実施したりするなど、いくつかの細かい操作によって子どもたちの成績を向上させたようである。インドでも、最初の結果は成績の短期的な改善を示唆しているが、長期的な結果がないために、永続的な成績向上があったと断言することはできない[37]。

全体的にみて、生徒たちの成績に応じて報酬を与えることで教員のモチベーションを向上させようと試みるプログラムの成功は、著しく中途半端なものである。テストの結果はちょっとした試みで簡単に操作できるからである。私たちは教員がしばしば欠勤することを指摘したが、それに対して罰則を科すことで、かれらの実績を向上させることができるだろうか。私たちは、主として乾燥地域の貧しい人々を対象とするインドのラージャスターン州のNGO「セバ・マンディル」と協力して、教員を規則的に出勤させようとするプログラムを評価することにした[38]。学校が遠すぎたり、学校にうまく適応できなかったりした村の子どもたちのために、「セバ・マンディル」は、軒下や木の下に子どもたちを集める一クラスの小さな非公式の学校を提案している。その教員を務めるのは、中学や高校を卒業した村人である。各校に教員は一人しかおらず、それぞれの村は互いに遠く離れているため、「セバ・マンディル」のスタッフにとって、授業が実際に行われているかどうかを厳密に確認することは不可能だった。実験を導入する前に実施した調査では、教員たちの欠勤率は四四パーセントに達していることが明らかになっていた。

「セバ・マンディル」は、教員の欠勤を減らすことが優先的な課題だと考えており、欠勤を削減するプログラムを準備して試してみたいと希望していた。そこで「セバ・マンディル」は、タイムスタンプの機能がついたカメラを教員たちに与え、教室の写真を一日二回撮影するよう要請することにした。教員たちは毎月固定給を与えられ、出勤日が一〇日を超えると一日ごとに賞与を与えられた。このプログラムは、すぐさま、欠勤の著しい減少をもたらすことになる。六〇の実験校では欠勤率はただちに半減し（四四パーセントから二二パーセントへ）、このプログラムの実施期間中のみならず、それが終わって「セバ・マンディル」が実験を永続的な政策として採用した後も、同じレベルが保たれた。「セバ・マンディル」が驚いたことに、教員たちは、このプログラムに満足していた。明確な規定が適用されることで（給与は精勤に左右される）、教員たちは優先順位を定める——学校に規則的に出勤する——ことができたし、村で教育を受けた少数者がしばしば頼まれる雑多な仕事を断ることもできるようになったのである。ここにおいて、教員たちの欠勤は、モチベーションの欠落だけでなく、優先順位をどう定義するかにも依存することが理解できるだろう。さらに、教員たちが規則的に学校に出勤するようになると、かれらは、教育者としての自分たちの仕事が親や村人たちからより深く尊重されていると感じるようになる。

教員たちが出勤するようになったことで、生徒たちの成績はよくなったのだろうか。一見するとそのように想像できるが、給料をもらうために出勤せざるをえなくなった教員たちは、校門をくぐれば任務を果たしたと考える、という可能性を排除することはできない。そこで実際に不意打ち訪問をしてみると、教員たちの活動は悪化していないことが示された。教員たちが前ほど勤勉ではなくなったことを示すものは、何もない。事実、これらの学校の子どもたちは、より急速に成績を上げていることがわかる。その一年後のテストの成績を対照群と比較すると、標準偏差の〇・一七の幅で向上しているのである。また、学力を証明する試験を受けた後で正規の学校に入学できる可能性もより高くなっている。

しかし、インド政府がこのプログラムを普及させることはなかった。このプログラムは、これを今でも実施している「セバ・マンディル」の活動には適していたし、同じような種類の他のNGOにも適しているかもしれないが、一般化するのは難しそうである。ケニアでは公立学校での類似の企てが失敗に終わった。ケニアのプログラムは、小学校において校長の監督下で実施された。校長が欠勤を記録し、精勤した教員たちにはご褒美として自転車が与えられた。校長たちによれば、教員全員が自転車をもらうことになり、大成功だった。しかし不意打ち訪問を実施してみると、残念ながら、現実には、実験校の教員たちは対照群の学校の教員たちと同じくらい欠勤していたことが明らかになった。次の章では、公務員とその上司が共謀することは完全に可能であることを証明するような別の事例を検討する。実際のところ、「セバ・マンディル」が実施したプログラムが功を奏したのは、この組織それ自体にモチベーションが備わっていたからなのである。

このような実験から、すべての学校にカメラを配布すべきだと結論づけてはならない。それよりも、教員たちのモチベーションを高める手段を見出すことが大切である。努力すれば報われる。より勤勉に働くべき確かな理由があれば、教員たちにはそうするだけの能力がある――そして、子どもたちはすぐにその利益を享受するのである。

制度を改革する

教員のモチベーションが生徒たちの成功のいちばん重要な要素であるにしても、教員たちの出勤を徹底的に監視するような極端に単純なプログラムは、必ずしも一般に広げられるものではない。とすると、発展途上国の教育制度を改革して教員のモチベーションを向上させるには、どうしたらよいのだろうか。

親にすべての権力を？

ほとんど決まり文句のように、親が教員をもっと厳しく監視すればよいのだ、と言われる。親たちは学校のすぐ近くにいるので、そこで起きていることを理解できるし、いちばんの関係者でもある。親たちにより多くの権力を与えれば、学校の業務は改善されていくはずである。現実に評価を受けたものはごくわずかだが、この原理はあまりにも真面目に受け入れられており、現在、世界銀行から援助を受けようとすれば、受益者の参加を保証する計画をたてることが義務づけられている。[39] インドもその例外ではない。「サルバ・シクシャ・アビヤン」（万人に教育を）というプログラムは、教育の質を改善することを目的とした野心的な公共政策である。このプログラムの一環として、インドの連邦政府は二〇〇六年から〇七年に様々な州に千億ルピア以上（国内総生産の〇・二パーセント）を配分した。さらにこのプログラムは、すべての村に学校評議会を設立することを計画している。親たちの代表はこの評議会に参加し、学校の財政状態と教室運営を点検することになっている。この評議会は、臨時契約の教員を地元で採用する権限も有している。

しかし、理論と実践の距離は遠い。これらの評議会は、書類上は二〇〇一年から存在していることになっているが、実現する見通しは立っていない。二〇〇五年、ウッタル・プラデーシュ州のジャウンプル地区の親たちに評議会について質問してみたところ、九二パーセントは評議会の存在を知らなかった。評議会の委員になっている親の名前を少なくとも一人挙げることができたのは、質問を受けた親たちの三パーセントだけだった。さらに深刻なことに、委員たちの四分の一は、自分たちが評議会に入っていることを自覚していなかった。そして、自分が委員だということを自覚していた者も、評議会の役割、とりわけ補助的な教員を採用できる権限のことは知らなかった。このように評議会の存在は死文化していた[40]。

すでに紹介したインドの「プラタム」は、市民を動員することで、教育にかかわる政府の政策を補完しようとする組織だった。「プラタム」は、法律が定めた教育制度の内部において親たちが役目を果たせるように奨励することで、これらの委員会の再生を試みることにした。「プラタム」は各村で数日を過ごし、最初は少人数のグループで、その次は村長、校長、教員たちを招いた公開の会議において、親たちと話し合う動員キャンペーンに着手した。そこでは、村の教育状況や、それを改善するために評議会や親に与えられた手段に関する討論が行われた。いくつかの村では、ボランティアたちは集会の前に研修を受け、子どもたちに簡単な学力テストを受けさせ、村の生徒たちの知識の状況について一覧表を作成する方法を学んだ。そして「プラタム」は、いくつかの村において、私たちがすでに言及した「リード・インディア」のプログラムを導入した。村の集会の後でボランティアを募集して、子どもたちに読み方を教える集中講習を推進する訓練を行うように提案したのである。すでに指摘したように、「リード・インディア」のプログラムはたいへん効果的だった。講習はほぼすべての村で行われ、平均して子どもたちの八パーセントが講習を受けることになった。伝統的な教育制度の外部にあっても、具体的な行動の展望が開かれれば、ボランティア（および生徒たち）を動員することは可能なのである。こうした選択肢が提案されないままで動員キャンペーンだけが行われた村では、「プラタム」の努力には何の効果もなく、親たちの関与にも、教員たちの態度にも、学校に割り当てられた資源にも、成績にも、まったく変化はなかった。

パキスタンのパンジャーブ地域では、ＬＥＡＰＳ（「パンジャーブの学校における学習と教育の達成」）と呼ばれるプログラムが、ランダムに選ばれたいくつかの村ですべての生徒が受けた学力テストの成績について、すべての親に詳しい情報を提供した。[41] 親には自分の子どもの成績だけでなく、同級生および地域の他の学校の生徒たちの成績も知らせた。その一年後、このプログラムが実施された村では、私立の学校、とりわけ最初は成績が低かった私立学校ではテストの成績が改善されたが、公立の学校ではほとんど変化がなかった。平均より低い結果が出ていた私立学校の親たちは校長に不満を訴えたが、公立学校の親たちはそのような反応をしなかったのである。ここでも同じ結論が認められる。情報を提供すれば親たちの行動が促進されるけれども（教育は親たちが関心を持つ課題であることが証明される）、それは、わりあいに直接的な行動が可能な時に限られるということである。インドやパキスタンのような国においては、公立学校の教育の質が低下したことにより、私立学校は補助金を受けていないにもかかわらず、公立から私立に多くの家庭が逃げていくことになった。そのような事情も、ここから説明できる。

しかし、こうした結果はどこでも見られるものではなかった。別の実験では、より楽観的な結論が得られた。ケニアにおいては、学校への財政支援によって教員の採用を促進するプログラムの一環として、評議会に資金が供与され、ここが教員を採用することになった。さらにプログラムの学校の半数では、評議員になっている親たちに対して、あるＮＧＯが一日の研修を提供した。親たちは、この研修の場で、資金をどう使ったらよいか、また、資金が小学校一年生の学習を改善するために最良の方法で使われているかどうかを確かめるにはどうすればよいかを学んだ。これらの学校では、研修を実施せずに資金を配分した学校よりも、よい結果が得られた。[42] マダガスカルの政府は、それぞれの学校のために、各校の財源、退学率、卒業試験の結果を他校と比較して非常にわかりやすく示すダッシュボード〔一覧表〕を作成した。これらの資料を単に配布するだけでは効果が上がらなかったけれども、ＮＧＯが親や教員に集まってもらい、この一覧表について話し合い、学校が直面する主要な問題を特定し、それらを解決するための行動計画を策定するように求めた学校では、成績が改善した(43)。

実施された様々な実験の結果を分析しても、公立学校において親の関与を増やすことが常に有益か、それとも常に無益か、といった結論を引き出すことはできない。コンテクストに依存する重要な変数としては、学校の自律性の程度（学校の運営はケニアでは非常に分権化されているのに対して、インドやパキスタンでは集権的に行われている）があるかもしれないが、私たちは、問題のすべての要素を制御することはできていない。結論として言えるのは、「参加」を呪文として唱えるだけでは不十分であり、親たちの委員会を設けさえすれば効率性が保証されるというものではまったくない、ということである。情報を与え、親を動員しようとしても、行動の組織化に比較的ストレートに役立つような手段を考え出さない限り、親が行動を起こすとは限らないのである。

学校の民営化？

教育に公的資金が投入される際の対象は、公立校に限定されるわけではない。いくつかの国々（たとえばチリ）では、すべての子どもにバウチャー〔サービス引換券〕が配布されており、バウチャーを公立学校と私立学校のどちらで使うかを決めるのは、子どもたち自身である。フランスでは私立学校が国と契約を結び、生徒数や、公式カリキュラムとの合致の程度に応じて国から援助を受けているが、この制度も大きく異なるものではない。観察者の多くは、発展途上国では民営化が教育の質に著しい改善をもたらすだろうと結論づけている。なぜなら、教員はより大きな監督を受けることになり、親は活動的な消費者になるからだ、というのである。評価はこの点について何を物語っているだろうか。

民営化の帰結について考察するにあたって最初に検討すべきは、同世代の子どもたちの多数派が公立学校に通っている状況のもとで、私立学校の存在が子どもたちにどのような影響を与えるか、という問題である。経済学者の専門用語では、これは「部分均衡」の問題である。コロンビアでは、バウチャーはくじ引きで配布された。その結果を調べてみると、くじに当たった者はしばしば私立学校に入学することが示されている。くじの「当選者」のほうが達成度が高い。つまり、就学期間が終わってみると、かれらのほうが、よりよい成績で高校を卒業し卒業試験に受かっている確率が高い(44)。

今日のコロンビアでは、私立学校のほうが公立学校よりも優れている。しかし、バウチャー制度が一般化されたら、公立でも私立でも教育の供給のあり方が大きく変わっていくことになるだろう。公立学校が競争の圧力に応えるならば、もしかすると公立校の教育は改善されるかもしれない。しかし、フランス郊外のいくつかの中学校がそうなっているように、公立学校に残るのは、もしかすると最も貧しい生徒たち、あるいは学校にまったく興味のない生徒たちだけかもしれない。モチベーションが最も高い生徒たちの需要に応じるために、新しい私立学校が現れるだろうが、それらの質はまったく違うものになるだろう。おそらく最終的には、学力や社会的階層によって、学校の間の子どもたちの分布が変わっていくことになるだろう。

ここまでくると、小規模な実験を行っても、政治的な判断を導き出すために私たちが必要としている答えは得られないことがわかる。実際、民営化の総合的な影響を知るためには教育市場全体のレベルで実験を実施しなければならないのだが、そんなことはまだ行われていない。インドでは、アーンドラ・プラデーシュ州で現在行われている評価の一環として、村落あるいは村の中のグループのレベルでランダム評価が実施されている。特定の場所においてすべての子どもたちがバウチャーを受け取り、使うか使わないかを決めることができる。それぞれの村は互いに十分に離れており、はっきり異なる教育市場を構成している。こうやって、民営化が特定の教育市場に対してどのようなインパクトを与えるかを研究することはできるだろうが、それが教員の選抜や、より長期的な他の要因に対してどのような影響を与えるかについてはわからない。

バウチャー制度がない国々（インドやパキスタン）でも、あるいは、子どもを公立学校へ通わせたくない親は私立学校の学費を全額支払うことになる国々でも、教育は部分的に、事実上民営化されている。インドの主要五州の都市圏では、子どもたちの半分以上が私立学校に通っている。農村地区でも、少数派とはいえ大勢の子どもたち（ウッタル・プラデーシュ州では三七パーセント、パキスタンでは二二パーセント）が私立学校に通っている。[45] このようなコンテクストにおいては、バウチャー制度や私立学校への補助金は、公立学校が本来の役割を果たしていない現状を追認するものになるだろう。しかし、バウチャーが最も貧しい子どもたちに授与されるか、または最も授業料が安い私立学校を対象とするものであれば、それは、すでに私立学校を選択した貧しい家庭に対して資源の再配分を試みていることになるだろう。

明確な政策によるものであるにせよ、そうでないにせよ、おおむね民営化されているこれらの教育制度のもとでは、親に情報を与え、学校に関して最もよい選択ができるようにすることが重要である。実際、民間セクターは規制から完全に自由である。つまり、誰でも学校を開くことができるし、学校が異なれば教育の質はまったく違ってくるのだ。しかし、親自身が読み書きができないことも多く、親が学校の違いを理解することは必ずしも容易ではない。バウチャー制度には、認可を受けられる最低限の教育の質を保証することを学校に強いるという利点があり、そのことは親の選択の助けになる。しかし、そのような制度が存在しない場合であっても、政府がその役割を果たすことが重要である。

学校の質を評価することは、残念ながら難しい。試験の平均的な成績は、教員の質よりも生徒層を反映する（フランスでは高校のランクづけをめぐって同じ現象が起きている）。標準的な最低水準の質を保証することが、必要不可欠な第一歩だと思われる。しかし、学校の質について親により多くの情報を提供することも同じように有益である。すでに指摘したことだが、学力テストの結果を親に提供したパキスタンのLEAPSプロジェクトは、公立学校の生徒の成績には影響を与えなかったものの、親のより大きな関与を通じて、私立学校の生徒の成績の大きな向上をもたらした。「教育は民営化すべきか、せざるべきか」という二元論的な問いを発するだけで満足してはならない。それよりも、現状の教育制度のもとで親たちに同伴しながらベストの結果を導くにはどうしたらよいか、と問いかけてみたほうがよい。

学校を改革する

今日、私たちは、親、教員、あるいは子どもたちにモチベーションを与えるのは何かを、よりよく理解できるようになっている。親たちは教育の重要さを理解しており、子どもを学校に入学させるつもりでいるように見える。教育費の軽減によって、教育を普及させ、最も貧しい人々に資源を再配分することが可能になった。この熱意を維持するためには、親たちが失望したり落胆したりしないように、教育の質を改善することが不可欠であり、急務である。

教員の側はモチベーションが低い。かれらは欠勤が非常に多く、学校にいても授業をしているとは限らない。こうしたモチベーションの欠如は、短期的には、かれらが費やした労力を報酬に反映させることで補正することができる（常勤のかわりに有期契約にしたり、欠勤を処罰したりする）。しかし、より長期的には、教員たちが今よりも大きな責任を引き受けることが必要である。現状のような生徒とカリキュラムのもとで、教員たちは人間として達成できない任務を達成するように命じられている。読み書きができない子どもたちに上級の知識を教えることは不可能である。ところが、「プラタム」のような団体は、ボランティアや薄給のスタッフにシンプルな目標とそれを達成するための手段を与えて、仕事をしてもらうことに成功している。子どもたちは現実に読み書きを学ぶことができる。そして読み書きができるようになるとき、それは教員にとっても子どもたちにとっても、本物の成功である。

教育に関する議論では、子どもたち自身がどう判断するかという論点はたいてい欠落している。それにしても、子どもの側も欠席率が非常に高い。ウッタル・プラデーシュ州やラージャスターン州の子どもたちは平日の三日のうち一日、ケニアの子どもたちは平日の四日のうち一日は欠席している。これらの欠席は、一つには病気が理由であるが、もう一つには（理由としては弱いが）子どもたちが家の仕事を手伝っていることが関係している。しかし多くの場合、子どもたちが学校に行かないのは、単純に授業が退屈だからである。

教育の質を向上させる第一のステップは、学校を改革して、教員も生徒も学校に通うことに喜びを感じられるようにすることだと思われる。現実に合わせたカリキュラムを開発するだけでなく、遊びやスポーツ活動を導入することも役に立つだろう。言うまでもなく、それは（カリキュラムの簡素化について言及するときに教員や教育者が恐れているように）貧乏人向けの「安売りの」学校をつくりだすことではない。それは、紙の上ではすべてを約束するが実際には何の役にも立たない学校の代わりに、生徒たちの多様性を認め、基礎知識の習得にアクセントを置くような学校をつくりだすことである。

これらの三つのアクター――親、子ども、教員――に何がモチベーションを与えるかについては、私たちは以前よりもよく理解できている。とはいっても、これらの三者が存在感を発揮するような教育制度をどうやって編成すればよいかについては、私たちにはまだまったく知識がない。大規模で体系的な改革（親の関与の拡大、学校の民営化など）の実際の効果は、改革の唱道者たちが考えるほど明白なものではないのである。

教育それ自体よりも政治経済のほうが問題であるにせよ、私たちは本章で提示してきた様々な要素について深く考察することができるし、そうすべきである。これまでの議論によって、教育制度がその必須の機能を確実に果たすために達成すべき目標が明らかになった。この機能を明快に要約しているのが、「プラタム」の次の標語である。「すべての子どもが学校に通って、勉強できますように」。

健康を改善するために行動しなければ、貧困と闘うことはできない。毎年九〇〇万人近くの子どもたちが、五歳になる前に命を失っている。そのほとんどは、麻疹や下痢など、予防も治療もできたはずの病気が原因である。一つの村のなかでも、あらゆる年齢層において、貧しい人々の死亡率はそれ以外の人々よりも高い。健康と生活水準が悪循環に陥ることもある。家族の誰かが病に倒れると、収入が奪われたり新たな出費が生じたりすることで、家族全員が貧困に突き落とされるかもしれない。逆に貧困のせいで、医者の助けを求めることができなかったり、慢性の病気の治療ができなかったり、適切な栄養がとれなかったりすることで、健康が損なわれるかもしれない。

解決策の一部が医学と関係していることは明らかである。エイズ、マラリア、肺炎球菌性髄膜炎、ロタウイルスに対する安価なワクチンが開発されれば（ロタウイルスにはすでに二つのワクチンが存在しているが、発展途上国では手に入らない）、最貧国で暮らす人々の健康状態に大きな影響を及ぼすことができるだろう。だが、人々の行動、無知、偏見もまた重要な役割を果たしている。というのも、基本的なワクチンは広く普及しているにもかかわらず、毎年二五〇〇万人もの子どもたちが、それらの接種を受けられないでいるのだ。新しいワクチンが開発されたとしても、それらはなお、供給され、利用されなければならない。したがって、保健医療にかかわる人々の行動を決定づけるものについて考える必要がある。

ウダイプルにおける保健医療

具体例として、インドのウダイプルの状況から話を始めたい。そうすることで、鍵となるいくつかの現象を特定することが可能になるだろう。それは、保健医療にかかわる公共あるいは民間の財の供給のあり方、予防ケアに対する需要の低さ、治療ケアへの依存の大きさといったことである。ウダイプル地区は北インドの大きな州の一つであるラージャスターンの一部である。ここは観光地だが非常に貧しい地域であり、とりわけ恵まれない少数民族、すなわちカースト制の外部に位置する古代からの先住民「部族」が暮らしている。ウダイプルのNGOである「セバ・マンディル」と出会ったおかげで、私はこの地域をよく知ることができたし、それが私の研究のインスピレーションの豊かな源泉になった。

「セバ・マンディル」は五〇年以上前から、最も貧しい村落だけを対象として活動してきたが、そのアプローチは、教育、健康、環境、および所得創出活動への支援を考慮に入れた包括的なものである。二〇〇二年、「セバ・マンディル」の理事であるニーリマ・ケタンは、この団体が健康の分野において活動を改善させるための方法について私の同僚のアビジット・バナジーの意見を求め、そしてアビジットは、このプロジェクトに一緒に参加するよう私に提案してくれた。私たちは最も重大な問題が何なのかを理解していなかったので、まず村々において、住民の健康状態に関する調査、およびこの地区の保健医療の需要と供給に関する調査を実施することから始めたらどうか、と提案した。私たちは、収集したデータを分析し、保健医療セクターで活動している地元のすべてのアクター（NGOや政府の代表、医療関係者など）と協議した後で、いくつかの手がかりを提供し、フィールド実験によってそれらを精査したうえで、「セバ・マンディル」その他の団体が実施すべきプログラムに関する提言を作成することを望んだ。私たちは、二〇〇二年に着手したこのプロセスは、二〇〇九年に終了した。

二〇〇二年から〇三年までに行った初期の調査では、一〇〇カ所の村が対象となった。それぞれの村で、ランダムに選ばれた一〇家族のすべての構成員に健康診断を受けてもらい、さらに詳細なアンケートに回答してもらった。その後、それらの家族が一年の間に通った四五一の民間の医療機関、地域内の一四三の公立診療所と病院、および伝統治療院（「ボーパ」と呼ばれる）のサンプルの一つに連絡を取った。この調査からいくつかの大切な要素が浮き彫りになった。まず、村人の健康状態は全体的によくない。調査を受けた人たちは多数の症状を訴えていた。たとえば三三パーセントの人は発熱（一四パーセントは深刻なもの）を、そして二三パーセントの人は腹痛（そのうち九パーセントは深刻なもの）を訴えた。住民たちの健康状態は好ましくなく、かれら自身がそのことを認識している、ということである。健康にかかわる指数が示す数値を考えると、それも驚くべきことではない。すなわち、女性の八八パーセントと男性の九三パーセントは栄養不良であり（これらの人々の体格指数は閾値の一九を下回っている）、女性の八九パーセントと男性の四六パーセントは呼吸に問題を抱えており（平均最大呼吸容量が閾値の三五〇ミリリットルを下回っている）、女性の五六パーセントと男性の五一パーセントは貧血状態なのである（血液一デシリットル中のヘモグロビン濃度が、女性は一一グラム、男性は一三グラムの閾値を下回っている）。

女性と男性の著しい貧血と低体重は、栄養不良の徴候である。栄養失調はウダイプルに特有のものではない。実際、現代インドのパラドックスの一つは、爆発的な経済成長と同時に住民の栄養状態が悪化していることである。一九八三年、住民の六五パーセントの人々が、日常的に推奨される量（農村では一日あたり二四〇〇カロリー、都市では一日あたり二一〇〇カロリー）よりも少ないカロリー量しか消費できていなかった。二〇〇〇年間にわたる経済成長と貧困削減を経た二〇〇四—〇五年において、この層の割合は、低下するどころか七六パーセントに達していた。[4]他の指数も進歩の欠如を証明している。とりわけ、同じ期間に、子どもたちの栄養状態の改善はまったく見られなかった。

最も貧しい人々もまた、健康にかかわる多額の出費に直面している。これらの人々は平均して家計の七パーセントを医療費に割いているが、この割合は豊かな国の人々よりも高い。調査を受けた家庭では、二カ月に一度の頻度で家族の誰かが診察を受けている。最貧層については、公立の医療機関（無料診療所または病院）で診療を受けるのは五回に一回であり、二回に一回は民間診療所、残りは伝統治療院であるボーパでの診療である。富裕層の人々も公立の医療機関に通う回数は同じくらいであるが、ボーパに頼る回数はより少ない。そのうえ、治療行為はどこでも見られるけれども、予防ケアのほうはほとんど発展を見せていない。たとえば、予防接種は無料で受けられるというのに、一歳から二歳の子どものなかで期日通りに基礎ワクチンの接種を受けていたのは、二パーセントにすぎなかった。

このように保健医療の供給は民間セクターに支配されていることになるが、これらは規制を受けていないし、当然のことながら、医療行為に支払った料金が払い戻されることもない。これらの民間の医師の資格は（近代医学を標榜してはいるものの）非常に限定されている。自分は医者であると主張し、自らの医院の院長でもある者のうち、二九パーセントは総合内科の学位を有しており、二七パーセントはそれに加えて専門分野の学位も有しているが、残りの四四パーセントは医療資格をまったく有しておらず、そのうち一四パーセントは医療にかかわる訓練を受けた経験が一切ない。そのひとりが私たちに語ってくれたところでは、彼は高校を卒業した後、ベンガルで就職が見つからず、医者として開業するためにウダイプルに引っ越してきたのだという。これらの医院は最初の窓口の役を果たすだけで、患者は（必要に応じて）より適切な資格を有する医療従事者のもとに移送されるというのであれば、こうした状況はさほど憂慮すべきことではないかもしれない。しかし、医者を名乗るこれらの人々は、実際に医者として振る舞うのである。かれらは治療し、ためらわずに抗生剤を処方し、点滴を打つ。診察を受ける時、患者の六八パーセントは（たいていは抗生剤の）注射を、一二パーセントは点滴を受ける。（血液検査やレントゲンなどの）検査が指示されることはまれである（診察の三パーセント）。これらの「医者」がある種の創造的な治療法を編み出すこともある。たいへんに流行している治療法は、抗生剤を単回投与することであり、そのために薬物耐性をもつ感染症が勢いよく広がることになった。

遠隔地においても必須のケアに対するアクセスが保障されることを目標とする発展途上国にとって、ウダイプルの公共の保健医療セクターは、理屈のうえでは、理想的な医療制度を提供しているように思われる。地区の保健センターが村々を担当し（平均的に見て、私たちの調査対象の村と保健センターの距離は最大で二キロだった）、そこでは看護師が予防ケアおよび最も単純な種類の治療を実施し、より深刻な患者は基幹保健センター（五万人あたり一カ所）に移送される。患者はそこで治療を受けるか、必要があれば都市の病院に移送されることになる。

一見すると、この制度は現実にも機能している。公営の保健センターの数は十分であり、ポストは埋まっている。ところが実際には、地区の保健センターは嘆かわしい状況にある（電気も水もきておらず、設備は存在せず、薬はほとんどないのだ）。さらに深刻なのは、看護師の欠勤率が、学校の教員の欠勤率よりも高いということである。調査員たちは、一年間にわたって週に一度保健センターを訪問し、センターが閉まっている場合は地区内の村で看護師を探すように指示を受けた。半分以上の場合（五四パーセント）について、かれらは看護師を見つけることができなかった。この欠勤率の高さは、ウダイプルに限った話ではない。世界銀行の調査では、基幹保健センターの欠勤率はバングラデシュでは三五パーセント、インドでは四〇パーセントになることが明らかになっている。[5] 治療について見ると、こちらでは不必要な抗生剤を患者が投与される回数は少ないが、検査もあまり行われていない。

欠勤の背景には、看護師の任務が多すぎて、すべての義務を果たすことは不可能だという事実があるように思われる。他方で、看護師の仕事の種類が多岐にわたるために、患者の側が看護師たちを信用できなくなっているという事情もある。とりわけ、看護師たちは不妊処置を受け入れるように女性たちを説得する任務を与えられており、それが年間の「割り当て人数」に達しないと処罰されるということがある。インドには不妊処置（とりわけインディラ・ガンディー政権下で行われた強制的不妊処置）の歴史があるため、看護師からその話ばかりを聞かされてきた女性たちは、看護師が他に何を提案しても警戒するわけである。そういうわけで、ポリオのワクチンまでが、赤ん坊に対する不妊処置であるとして非難されてきた。[6] このように看護師への信頼が失われていることが、他のすべての任務に影響を与えている。さらに、仕事が多すぎるためにまた別の問題が引き起こされている。この仕事をやり遂げないと別の仕事はできないということを口実にして、看護師たちは家に居残ってしまうのである。

健康にかかわる供給が貧弱であることと、民間のやぶ医者が選好されていることは、互いに強め合う関係にある。保健センターに看護師が常駐していない村では、村人はセンターに通わなくなる。この相関関係には二つの解釈が考えられる。患者たちは看護師の欠勤の多さにがっかりして、民間医療やボーパのほうに足を運んでいるのかもしれない。あるいは、医療行為への需要が弱くて患者が姿を見せないことで、看護師たち自身のほうが落胆しているかもしれない。長いこと学校で勉強し、ある程度の社会的地位を享受している若い女性たちは、人の気配がなく、水も電気もない施設で一日中過ごすうちに、意気消沈してしまう。これらの二つの理由（相互に排他的なものではない）は、別個の対応、すなわち供給に対する行動と、需要に対する行動とを要請することになる。

保健医療の供給と需要——切り離せない諸要因

階層的アプローチ

医療の供給と需要をめぐる悪循環を打ち破るために、まず、供給の改善を試みることができる。それは現在、インド当局が好んで用いるアプローチでもある。保健医療セクターの問題に対する全国レベルの政策的な反応は、制度はそのままで、そこにより多くの資金を投下するというものだ。インドの国家農村保健医療計画は、連邦政府の保健医療予算を国内総生産の〇・九パーセントから二ないし三パーセントに増やすことを予定している。だが、それと並行して制度の抜本的な改革に取り組むことは、まったく想定されていない。例外は、看護師と住民の間を仲介するはずの保健指導員のポストを追加することくらいである。他に変化が起こらなければ、公共セクターのパフォーマンスは向上しない恐れがある。

ウダイプルでは、「セバ・マンディル」の調査結果を目にした地区行政官（県知事に相当する）が、看護師たちは今後、自分が所属する保健センターに少なくとも週に一回は出勤しなければならないと決定した——まったくもって妥当な目標である。毎週月曜日にそれぞれの保健センターに出勤できるように、看護師たちは他の義務を免除されることになった。この決定を実行に移すために、行政官は「セバ・マンディル」と協力することにした。そして「セバ・マンディル」は、看護師の出勤を確認する調査法を考案した。一定数の保健センターを地区内でランダムに選び、「セバ・マンディル」がそれらのセンターに台帳とタイムスタンプを配給し、看護師はそれらを使って月曜日の出勤を証明することになったのである。「セバ・マンディル」は月ごとに台帳を集めて行政府に渡すが、それに従って行動を起こすのは行政の側の責任である。地区行政官は、欠勤が多すぎる看護師に制裁を科すことを宣言した。

この管理システムの有効性を試験するために、私たちの研究室はウダイプルの学校「ビディャ・ババン」と協力して、月に一度、実験の対象および対象外の保健センターの不意打ち訪問（月曜日にもそれ以外の曜日にも）を行った。最初の六カ月間は、この管理手法はとりわけ効果的だった。管理されている保健センターの看護師のほうが、それ以外の保健センターの看護師よりも、月曜日に（他の曜日はそうではないが）出勤する回数が非常に多かったのである。しかし、数カ月後、管理されている保健センターでは状況が悪化しはじめたのに対して、もう一方の保健センター群の状況は改善に向かうことになる。一年が経過すると、結果的に、何の点検もしていない保健センターのほうが看護師の出勤率が高くなっていた。(7)

何が起きたのだろうか。答えは看護師がつけていた台帳にあり、図3がその内容の推移を示している。時間が経つにつれて「機械の故障」と「免除」という二つの欠勤理由が登場し、重要さを増していく。出勤日の減少は、この二つの理由だけで説明することができる。タイムスタンプが乱暴に扱われたことは間違いない（しばしば壁に投げつけられた）。看護師からの反応としては、こうした機材の破損はおそらく予測することができた。それに対して、より興味深いのは「免除」された日のほうである。この場合、看護師は（原則として月曜日に会議をすることは禁じられているのに）会議に出席していたと記されている。この理由を記載するには直属の上司からの承認を受けなければならないが、私たちが確認したところでは、その期間中、月曜日

図3　看護師による台帳への記載事項の変化

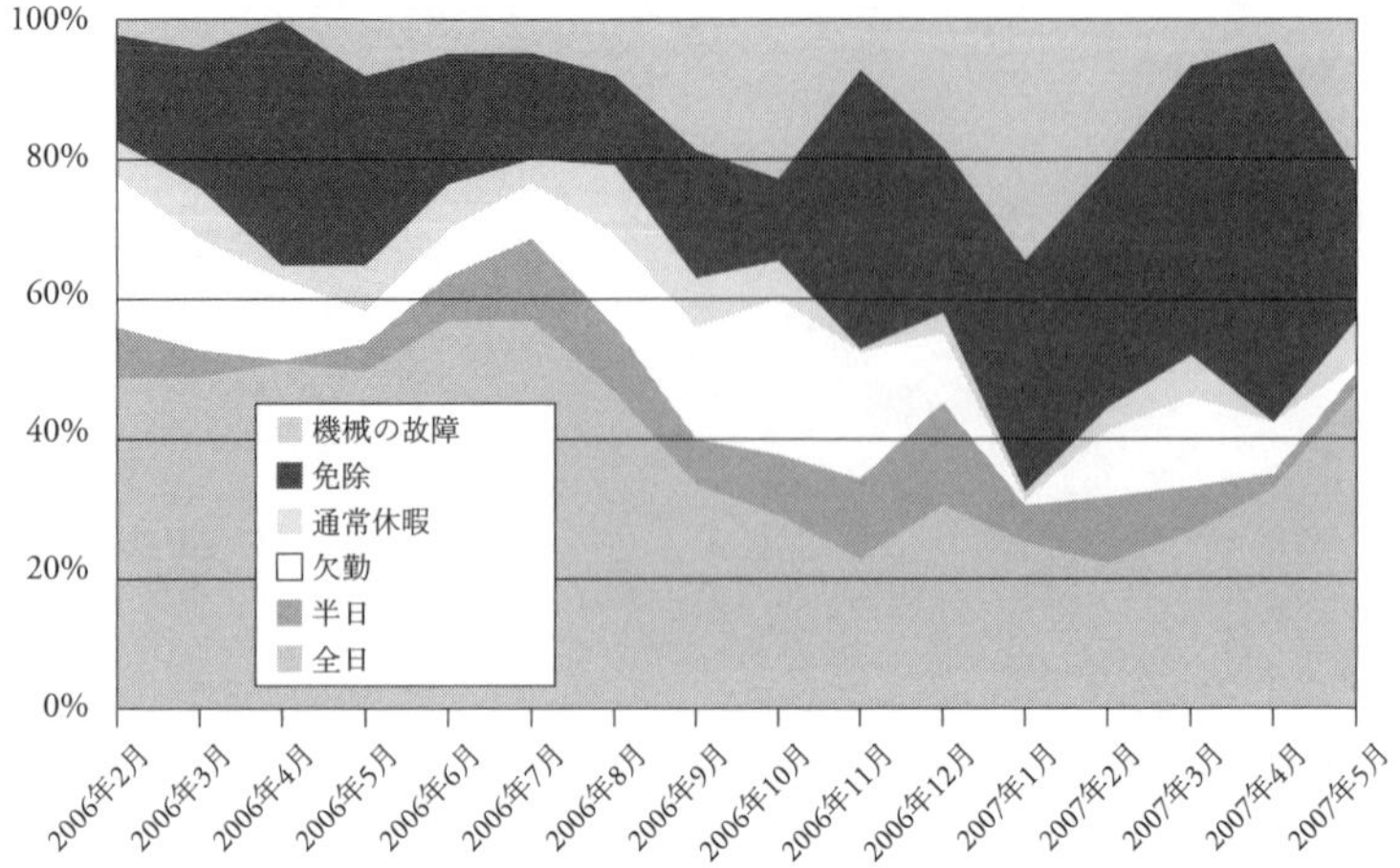

出典　Abhijit Banerjee, Esther Duflo and Rachel Glennerster, "Putting a Band-Aid on a Corpse: Incentives for Nurses in the Indian Public Health Care System", *Journal of the European Economic Association*, 6 (2-3), April-May 2008, pp. 487-500.

に開催される会議の回数には増加がなかった。上司は少しずつ、次第に、そのような偽りの口実を認めるようになっていったわけである。時間が経つにつれて、暗黙の（またはおそらくはっきり表明された）合意が看護師とその階層組織の間に根づくことになった。月曜日に欠勤しても実際には罰せられないことを知った看護師たちは、不確実な状況にある対照群の看護師たちよりも多く、遠慮なく欠勤するようになった。

　これらの結果は、同じ地域で「セバ・マンディル」が実施した一見するとよく似た介入の結果と、興味深い対比を示している。それは教員に対してカメラを配布することで出勤を促進するプログラムだった。第1章で検討したように、このプログラムは即効的で永続的な欠勤の減少をもたらした[8]。この対比は、たった一回の実験で得られた結論を一般化することの難しさを例証している。二つのプログラムの大きな違いは、それぞれの実施方法にある。「セバ・マンディル」は、教員にインセンティブを与えるプログラムに自ら全力を注いでいた。しかし看護師の場合は、集権的で自動化された制度を運営するのは直属の上司であり、「セバ・マンディル」は企画を行っただけだった。そして、県の地方公務員たちは、行政官が押しつけた手順をけっして受け入れなかったのである。

利用者の動員

行政の側が自分で決めた規則を守らなかったにもかかわらず、人々から制裁を受けなかったのはなぜだろうか。それは間違いなく、保健医療サービスに対する需要の不足が理由である。このことは、看護師がより多く出勤していた時期においてさえ、それらの施設の利用率が極端に低かったという事実によって説明される。保健センターの不意打ち訪問の際に現場にいた患者の数は、平均して一名にも満たなかった。それは最初の六カ月間、看護師の出勤が多かった時期も同様だった。看護師を呼び戻すほどの利用者側の需要が欠けていたにもかかわらず、管理システムは上から強制された。何も変えないことを利益とみなす官僚が管理システムを正しく実施する可能性は、おそらくほとんどなかっただろう。

この結論を裏付けるのが、ウガンダにおける独創的な取り組みである。それは保健医療セクターにおいて利用者の圧力が果たす役割を明らかにするものだった。ウガンダにおける保健医療セクターの問題点はウダイプルのケースとよく似ており、たとえば欠勤率は四七パーセントにも達していた。これを解決するために、二〇〇四年、いくつかの地方NGO（多くの場合は村のコミュニティ組織）が、ランダムに選ばれたいくつかのコミュニティで一緒に活動することにした。この介入は、「権力を人民に」という愉快なタイトルの論文[9]で紹介されているように、その成否を利用者の動員に全面的に賭けるものだった。まず、このプログラムは世帯調査を実施し、そのおかげで医療行為の質の総合的な評価が可能になった。次にこれらのNGOは、評価の結果に関する討論を組織した。それぞれの村でＮＧＯは三つの話し合いを実施したが、一つ目は利用者と、二つ目は医療従事者と（調査結果とかれらの意見とを比較対照するもの）、そして三つ目はこれら二つのグループと合同で行う話し合いだった。話し合いの目標は行動計画を練り上げることであり、それは医療の質を改善するために医療従事者と利用者が共同で準備することになっていた。医療従事者と利用者は明確な取り決めを交わし、このプログラムは良い結果をもたらすことになった。コミュニティは医療従事者の監督により深く関わるようになり、かれらの欠勤率は対照群と比べて減少した（対照群の欠勤率が四七パーセントだったのに対して、三四パーセントになった）。自己治療や伝統治療は続いたけれども、インドの状況とは逆に、保健センターに通う患者の数は増加した（患者のセンターへの来訪回数は月平均で六六一から七九一に増えた）。また、このプログラムは人々の健康にも大きな影響を与えた。たとえば、乳幼児死亡率（五歳未満の子どもの死亡率）は千人あたり一四四人から九四人に低下した。

これらの二つの実験――上から強制された改革と、下からやってきた運動――を対比してみると、利用者を動員しない限り、そしてサービスの改善に利用者が参加しない限り、階層組織が持続可能な改革を命じても成功しないことがわかる。むしろ、階層組織の介入なしに人々を下から動員したほうが、影響力はずっと大きいように見える。需要を動員することができれば、供給と需要の好循環を持続させていくことが可能になる。したがって、質の高い公共サービスに対する需要が存在することが、あらゆる改革にとって不可欠な前提条件になると思われる。だとすると、そのような需要を決定する要因を理解することが本質的に重要になる。

良質なサービスに対する需要が弱いのはなぜか

ウダイプルの話に戻ろう。看護師に勤勉になってもらうプログラムが導入されても、保健センターを訪問する者が増えなかったのは、なぜだろうか。考えられる理由は二つある。一つは、利用者は騙されにくく、変化が長持ちすることを確信できない限り、自分の行動を変えようとはしないというものである。この場合は、「救いの神」が空から降りてきて、医療関係者が規則的に出勤することを保証する永続的な制度を完成させることができるなら、保健センターに通う患者は増えていくことになるだろう。もう一つ考えられる理由は、そもそも、保健センターが提供する治療に対する需要が弱いというものである。すでに見たように、民間の開業医はあらゆる感染症に抗生物質を処方し、予防的な医療はまったく行わない。しかし、保健センターでは予防が強調されるし、看護師は抗生物質を患者に渡す資格をもっていない。予防ケアの重要性も、薬の過剰摂取の危険性も認識していない村人たちは、保健センターが提供するサービスにはあまり関心がないのかもしれない。

この仮説を検証するために、私たちは、予防ケアの供給が実際に改善したケースを吟味してみた。信用できる永続的な予防ケアの改善を提案することによって、「セバ・マンディル」が「救いの神」の役割を演じた[10]。「セバ・マンディル」は各世帯から好意と信頼を勝ち取っており、その資産のおかげで、信用できて永続的だと感じてもらえるようなプログラムを実施することが可能になったのである。今回のプログラムは予防接種率を改善するものだった。「セバ・マンディル」は一三四の村のなかから六〇の村をランダムに選び、政府と協力して月に一度の予防接種キャンペーンを展開した。朝、看護師がバイクに乗って保健センターにワクチンを取りに行き、それから村を訪問し、決められた日時に予防接種の催しを実施した。これらの催しは「セバ・マンディル」が養成した健康推進員によって十分に宣伝されることになった。実際、これらのキャンペーンは非常に規則的に行われ、予定されていた催しの九五パーセントが実施された。こうして接種が増加し、定期的な催しが実施されること以外は他の村と何も変わらない三〇の村において、一歳から三歳までの子どもたちの予防接種の完遂率は一七パーセントに達した。対照群の村では六パーセントであった。ただし、一回目の予防接種のほうがそれ以降の接種よりも向上が著しく（一回目の接種率は五〇パーセントから七七パーセントに上昇した）、二回目の予防接種を受けた子どもたちの割合は七〇パーセントに、そして三回目になると四二パーセントに下がる。親たちには、接種会場に定期的に来てもらうよりも、一回だけ来てもらうほうが容易なのである。

この例は、費用がかからず（催しは各人の村で行われるし、参加は無料である）、サービスが信頼できる場合であっても、予防ケアに対する需要が弱いことを示している。費用が予防行動を妨害しているとは思えないのは、予防接種の事例だけではない。たとえば世界保健機関（WHO）は、新生児が生まれてから一時間以内に授乳すること、そして生後六カ月間は母乳だけで育てることを推奨している。インドでは出産後一時間以内に授乳する女性は四分の一しかおらず、授乳期間は平均して生後二カ月間でしかない。

効果があるにもかかわらず予防ケアがあまり採用されていないことを、どう説明したらよいのだろうか。もしかすると、親たちは極度に警戒し、不安に思っているのかもしれない。副作用を恐れている、あるいは、予防接種の目的は公言されているものとは違うと思い込んでいるのかもしれない。しかし、他の実験を見ていると、それですべてを説明することはできないことがわかる。実際、様々な背景のもとで異なる予防ケア用品について調べてみると、価格が上がる場合でも下がる場合でも、予防医療の価格感受性は強いことが認められる。したがって、無料の給付が有料の給付に変わる際には、価格が非常に低い場合であっても、利用者の数が激減してしまう。図4は、異なる三つの予防ケア用品、すなわち蚊帳、駆虫薬、塩素製品について、このことを見事に示している。[11] 価格が上昇する度に、その製品を利用する世帯の割合が下落する。たとえば、

図4　**予防ケア用品の購入**

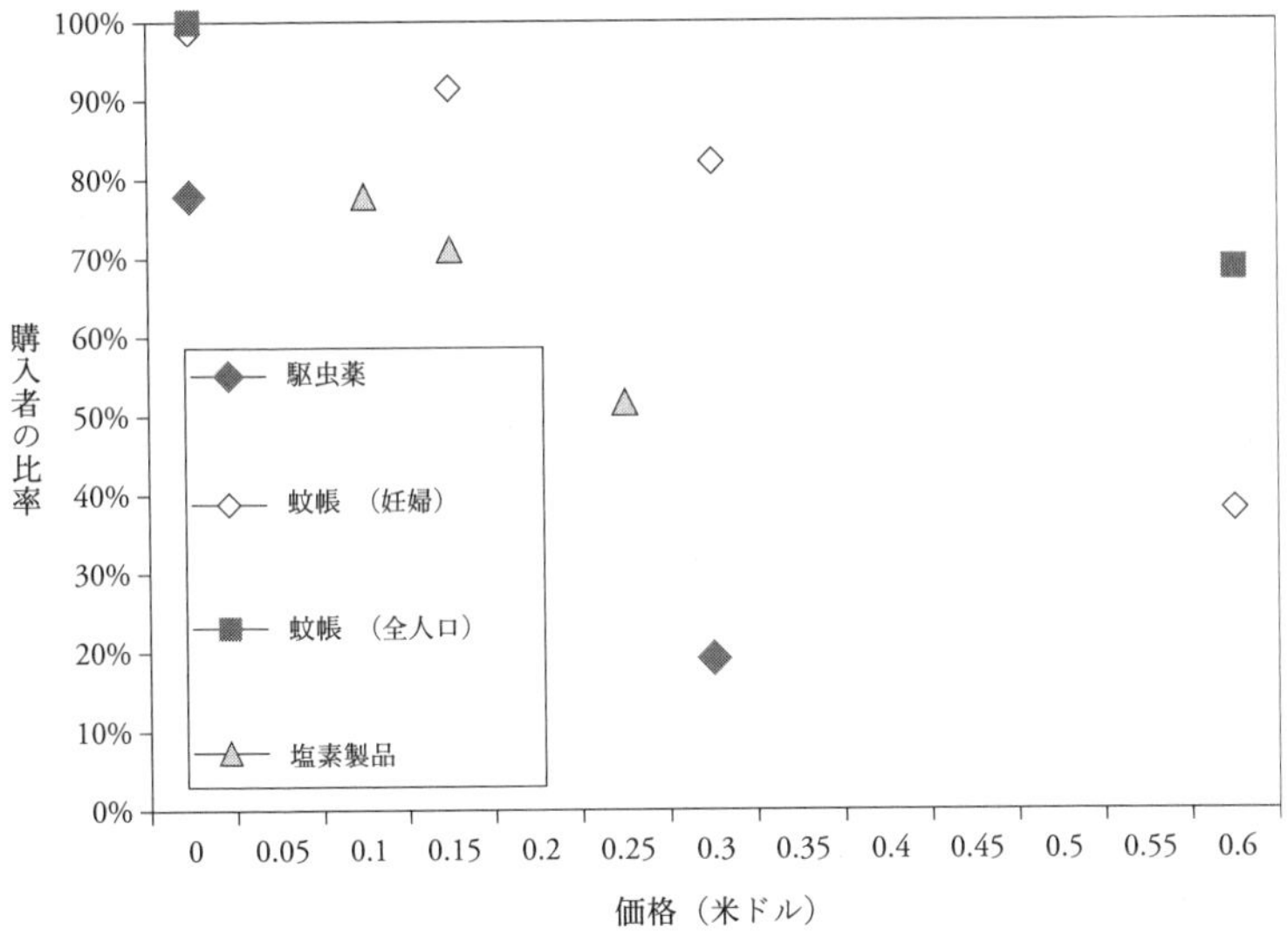

価格がゼロから三〇セントに上がると、蚊帳を使う妊婦は一〇〇パーセント近くから八二パーセントに下がるし、価格が六〇セントに上がると四〇パーセント以下になってしまう。これらの製品は利用方法も市場価格も非常に異なるものだが、驚くべきことに、それぞれの販売価格における各製品の普及率の変化は似通ったものになっている。

これとは対照的に、無料の給付だったものが（参加世帯が報償を受け取ることで）利益をもたらす材料になると、需要は大きく増加することになる。ワクチン接種とHIV検査が、衝撃的な二つの事例を提供してくれる。すでに述べたように、「セバ・マンディル」は六〇の村で定期的な予防接種キャンペーンを実施した。「セバ・マンディル」は、そのなかの三〇の村において、予防接種を受けるために子どもを連れてきた母親全員にレンズ豆一キロを与え、最終回の接種の際には一セットの皿を与えることにした。インドではレンズ豆は主食の一部であり、その一キロは実用的ではあるけれども、非熟練労働者の半日分の稼ぎにしか相当しない。このくらいの限定的なインセンティブでは、ワクチン接種に強く反対する者の意見を変えるには不十分であるはずだ。ところが、レンズ豆の配布は大きなインパクトを与えた。完全接種率は、定期的な催しが企画されていた村では一七パーセントだったのに対して、レンズ豆が配布された村では三八パーセントにもなった。この効果は、一回目の接種ではなく、それ以降の接種で現れた。つまりこのプログラムは、大いに戸惑っている親を動かすことはできないけれども、接種サイクルを終わらせるように親を励ますことはできるわけである。あらためて結論部でも触れるが、レンズ豆の配布は、これとは別に興味深い効果をもたらした。レンズ豆のおかげで、近隣の村々の住民も子どもたちを連れてワクチンの接種を受けに来るようになったのである。一〇キロ圏内にある村の予防接種率は二〇パーセントになった。小さなインセンティブは、受益者がそれを享受するためには歩かなければならない――より多くの時間を投資しなければならない――にもかかわらず、人々の行動を変えることができる。

もっと驚くべきは、エイズ検査の事例だろう。多くの国々において、エイズの予防戦略の礎石はカウンセリングと自発的検査だと考えられている。モザンビークでは、エイズ関係のすべての予算（予防と治療）の五五パーセントが検査に割り当てられている。それほどの支出にもかかわらず、検査を受ける者の数は非常に少ない。最もしばしば行われる説明は、心理的および社会的な障壁が大きいせいで、個人は検査を受ける気持ちになれないというものである。貧困国においてＨＩＶ陽性という結果が出ると、それはしばしば、短期または中期的には死の宣告に相当する。そのうえ社会的には、検査を受けたというだけで、恥ずべき行為の印として汚名を着せられることがある。

この仮説を検証するために、レベッカ・ソーントンは、マラウイで人口と経済の調査に従事している研究者のチームと一緒に独創的な実験を行った。(12) 実験の一環として、調査対象になった人々はエイズ検査を受けることを勧められたが、数週間後にその結果を受け取りに行くかどうかは個人の自由だとされた。結果を知りたくなければ、行かなければよいのである。人口調査の一部として実践されるこの情報収集方法によって、住民の母集団の抗体の状況に関する情報を、自分の抗体については知りたくない者の情報まで含めて、得ることが可能になる。自分のことについては知りたくない者であっても、検査結果を知ることが義務づけられていなければ、しばしば検査に同意するものである。

レベッカ・ソーントンは差異をもたらす二つの要因をランダムに導入した。まず、調査の終わりに、インタビューを受けた者全員がくじ引きに参加し、結果を受け取りに行けばもらえるはずの報奨金（〇から三ドルの間）に対応する数字が書かれた瓶の栓を受け取ることになった。そして、看護師から検査結果を渡してもらうはずのテントの場所を、いろいろと変えてみた。つまり、いくつかの村では住宅からわりあい近いところにテントを設置し、他の村ではずっと離れたところに設置してみたのである。テントが遠ければ、検査結果を受け取りに行くのにより多くの努力が必要になるけれども、目立たないので、社会的な汚名を避けることができる。

調査結果は驚くべきものだった。まず、償い金が少しでも提示されると、結果を受け取りに行く人の割合が大きく増えた。金銭的インセンティブが〇から一〇ないし二〇セントに変わると、この割合は三四パーセントから六四パーセントに変わる。インセンティブが増えるとこの割合は増加し続けるが、その後はそれほど大きくは変化しなくなる。そして、検査結果を受け取りに行く人の割合は、テントが遠くなるほど減少するが、これは特に金銭的インセンティブの対象にならなかった人々の間で顕著である。したがって、社会的な汚名に対する恐怖心よりも、長く歩くことの不愉快さのほうが強く影響するように思われる。

これらのすべての例は、費用に対する感受性が非常に強いことを示している。合理的エージェントがあらゆる行為の費用と便益を評価するというゲーリー・ベッカー流の新古典派経済学のモデルによれば[13]、子どものワクチン接種（またはＨＩＶ陽性かどうかを知ること）の便益は、人々に行動を促すくらいに十分に高くなければならない。ワクチンを接種させれば、自分の子どもたちの生存率を大きく高めることができる。同じように、エイズ検査を実施すれば、その結果が陽性だった人には抗レトロウイルス薬を服用してもらうことができるし、陰性だった人には安心してもらうことができる。これらの安価な行為による利益の大きさを考慮すると、期待される便益よりも精神的、社会的な費用（心配や汚名など）のほうが大きいのでない限り、これらは強力な需要の対象になるはずである。だが、この場合は、ごくわずかなインセンティブでは効果がないはずである。子どもが不妊になることを恐れてワクチン接種を拒否する母親を、レンズ豆一キロで説得できるはずがない。新古典派のモデルの枠内では、需要の弱さと価格感受性の強さが共存する状況をうまく説明することができないのだ。

予防行動の価格感受性が強いのはなぜか

この謎を解き明かすために、二つの説明を提示することができる。一つ目は、私たちの選好は時間的に安定していないという事実に基づくものである。二つ目は、これらの介入の便益を人々がどう認識しているかに関係している。介入が有益なのは確かだが、各世帯がそのことを実感しているとは限らない。

第一の解釈の根拠になっているのは、時間的不整合の観念である。ワクチン接種の例について考えてみよう。それは即座の投資を必要とする。すなわち、子どもを保健センターに連れて行かねばならないが、そこで子どもはむずかって泣くだろうし、もしかすると一時的に発熱するかもしれず、これらに耐える時間が必要である。しかし、この投資の便益を享受できるのは、ずっと後になってからの話である。子どもが麻疹にかからないのは未来のことであり、さらに、それがいつのことなのかはわからない。デビッド・ヒューム以降、さらに最近では心理学者の研究のおかげで、人間は現在と未来について著しく異なる考え方をすることが知られている。人間は現在については衝動的な決断を下す傾向があるけれども、未来についてはより合理的なやり方で気にかけるのである。医学的な画像処理技術は、どのような決断をするかに応じて、人間の脳の活性化する部分が違うことまで明らかにしている。すなわち、即座に行動するという決断を下す（二週間後ではなくて今すぐ支払う）際には「感情的な」部分が活発になり、未来にかかわる決断を下す（六週間後ではなくて四週間後に支払う）際には「計算する」部分が活発になるのだ(14)。

今日負担すべき費用や困難は重く感じるけれども、明日支払うはずの同じ費用は、そこから得られる便益と比べれば、それほど重くないと感じるわけである。子どものワクチン接種について、あるいは延期しようと思えばできる他の決断（たとえば定期預金を開設したり、禁煙したり、食べる量を減らしたり、定期的に運動したり）について考える時、私たちは、そのような投資は今日は特に高くつくけれども、来月になったらもっと容易に実行できるだろうという幻想を抱く。ところが、明日が今日になれば未来は現在になり、必要とされる努力があらためて大きくなったと感じてしまう。そういうわけで、手遅れになるまで、決断は延期され続けることになるかもしれない。

ワクチン接種が常に明日に延期されてしまうことは、このような問題の先送り行動によって説明することができるだろう。もっとも、自分の子どもが病気になれば、すぐに治療できるように親はそれなりのお金を費やすつもりでいるのだから、子どもにワクチン接種を受けさせなかったとしても、それが愛情の欠如のせいではないことは明らかである。子どもが病気になれば、治療の利益は身近に感じられる。このように投資と収益が同時に発生する場合、行動はより容易になる。今日得られる小さな収益（たとえばレンズ豆一キロ）は、ある行動（予防接種センターに行く）に必要な小さな投資を埋め合わせる見返りとして受け止められる。そこから、この種の介入が効果的であることが説明できる。大部分の先進国では、ワクチン接種は特定の期間中に行われなければならない。このような接種時期の義務づけも、同じような役割を果たしている。つまり、処罰を免れることが直接的な利益になるわけである。

公衆衛生においては、義務や金銭的インセンティブを正当化するものとして、外部性（または他者への影響）の存在が以前から引き合いに出されてきた。子どもたち一人一人に麻疹の予防接種をすると、それ以外の子どもも保護することができるし、そうしなければ他の子どもを危険にさらすのである。ワクチン接種の社会的な利益は個人的な利益を上回るのだから、たとえ個人が受ける利益が少ない場合であっても、コミュニティ全体が恩恵を受けるような行動については、個人に対して奨励したり強制したりする必要がある。さらに、時間的不整合は、内部性（個人が自らにもたらす損害）を増加させてしまう。つまり、子どものワクチン接種をすぐに実行しなければ、今日の自分が明日の自分に費用を課すことになるのである。このことが、インセンティブを与えたり強制したりすることを正当化する第二の理由になる。この内部性を是正し、来月やるつもりのことを今日できるように助けることで、個人が自らにとって好ましい行動を起こせるようにするわけである。[15]

時間的不整合は、小さなインセンティブであっても大きなインパクトをもちうることを説明するが、行動の変化を引き起こすための手段は他にもある。ちょっとした「ひと押し」もまた、顕著な効果をもたらしうる。つまり、人々にそうしない自由を与えながら、正しい選択をするように助けることも可能なのである。[16]

たとえば、私はそれを望みません、という意見が表明されない限り、人は予防ケアの恩恵を受けたがっているのだ、と単純に仮定することは重要な効果をもつ。前の章で述べたように、腸内寄生虫を駆除することは子どもたちの健康と教育に貢献するが、この事例はデフォルトの選択肢が果たす役割をわかりやすく示している。一年目は、親が特別な用紙に記入して反対した場合を除いて、登校していた子どもたち全員が治療を受けた。その結果、子どもたちの七八パーセントがケアを受けた。二年目になると、倫理的な配慮のために研究者たちは実施要領を変更することになり、登校していた子どものなかで親が明確に治療を許可する用紙に署名した者だけを、治療の対象とした。ケアを受けた子どもの割合は、七八パーセントから五九パーセントに減少してしまった[17]。

時間的不整合に直接に依拠する別のやり方として、未来に向けて特定のやり方で個人に約束を表明させる仕組みがある。ギリシア神話のオデュッセウスが海の精セイレンの誘惑を避けるために帆柱に自分の身体を縛りつけたように、個人が自分の手を縛りつけ、将来の自分に正しい行動を強制するわけである。禁煙するつもりの喫煙者を支援するあるプログラムは、この種の措置がどのようなものかを示してくれる。ニコチン中毒は発展途上国の公衆衛生セクターの流行病になっているだけに、この事例はとりわけ興味深い。自らの時間的不整合を自覚する個人は、未来の自分に禁煙を強制しようと望むかもしれない。これを実現させるために、フィリピンのマイクロクレジット機関は、喫煙者の集団にCARES契約を提案した。CARESは無利子の普通預金口座であり、頭金は五〇ペソ（一ユーロ足らず）にすぎず、一見するとまったく魅力のない金融商品である。喫煙者は煙草に使う金額に相当する金額を定期的に預金するよう奨励され、六カ月後、数日前の喫煙による微量のものであってもニコチンを検出できる抜き打ちの尿検査を受ける。検査結果が陽性であれば、喫煙者は預金をすべて失う。

CARESプログラムの有効性を評価するために、およそ二〇〇〇人の喫煙者からランダムに選ばれた七八一人にプログラムが提案され、そのうち八三人（一一パーセント）が参加することに同意した。CARESは金融商品としてはそれほど人気がないけれど、参加した者の割合は他の禁煙プログラムと同程度だったから、おそらく実際に煙草をやめたいと思っている喫煙者の割合に相当する。六カ月後、検査に同意した二〇〇人の喫煙者を対象に尿検査を実施した。[18] 実験群（参加する決断を下したかどうかにかかわらず、プログラムの提案を受けたすべての喫煙者）では一一パーセントが煙草をやめていた。対照群で煙草をやめた者は八パーセントだけだった。したがって、CARESプログラムを提案したことが三ポイントのインパクトをもったことになる。参加を希望しなかった者にはプログラムの提案が何の影響も与えなかったと仮定すれば、この三ポイントの差は、参加に同意した八三人の喫煙者によってもたらされたことになる。したがってこのプログラムは、禁煙したいと思っている喫煙者がそれを達成できる可能性をおよそ三〇パーセント（三パーセントを一一パーセントで割る）押し上げたことになる。[19]

この実験は、時間的不整合の影響が存在することを証明している。しかし、かなりの数の人々がこの問題を認識しており、それを解決するための措置を講じているという証拠もある。本来であれば、親が子どもの予防接種をいつまでも延期するはずがない。今日は重く感じる（しかし将来に起こるとしたら軽く感じる）投資は、来月が今日になったら同じように重く感じられ、いつになっても決めたことを実行できないだろうということに、人々はやがて気づくはずである。そこで人々は今日、「今ここで」予防接種を受け入れるように追い込まれるはずである。時間的不整合だけでは、予防サービスの利用の低さを完全に説明することができない。

したがって二番目の説明、すなわち、人々が予防ケアの利益をどう認識しているかという問題が残る。予防ケアに対する需要の弱さと価格感受性の強さ、および治療ケアに対する需要の強さと価格感受性の弱さは、おそらく、予防医学のメリットが過小評価され、治療医学のメリットが過大評価されていることに由来しているのだろう。このことは、治療と健康状態の間の因果関係の複雑さによって説明することができる。

ほとんどの病気は自然に治るので（格言にあるように、「風邪は治療しなくても七日間あれば治る。治療すればたった一週間で治る」）、治療ケアは、どんなものでも効力があるように見える。民間の医者がウイルス性疾患に対して抗生剤の注射をしたと仮定しよう。その病気が消滅したら、抗生剤が病気を治してくれたという自然な（ただし間違った）結論が生じる。保健センターの看護師が同じ流感に対して（合理的にも）薬をまったく投与しなかったとしたら、患者が回復しても、それは看護師のおかげだということにはならない。したがって、とりわけ規制が少ないシステムのもとで、医者が治療効果を上げたという印象を患者に与えたがる場合、医薬品が過剰に消費される傾向が生じるのも当然のことである。この傾向は同じ理由により、富裕国においても見られる──これで医療費の爆発的な増加が部分的に説明できる──が、それは医師の研修によって、そして法律と社会保障機関による医師の監督によって抑制されている。

予防ケアの効果を学習することは、ずっと複雑である。治療と病気の不在との間の因果関係を明確に理解するのは、個人にとっては非常に難しい。外部性の存在が問題をより複雑にしている。というのも、十分な数の子どもたちが予防接種を受ければ、接種を受けなかった子どもたちの間でも病気が減少するからである。したがって、予防接種を受けた子どもと受けなかった子どもの違いが理解されない可能性がある。人々が自発的に学習するのを待っていても、予防医学に関する知識を普及させることはできない。この問題については、信頼できる公共の言説が不可欠なのである。しかし、どうすれば効果的なコミュニケーションが可能になるのだろうか。

予防医学に関する情報の伝達――戦略、成功、失敗

リスクの少ない行動をすることが、今日でも、エイズに対する唯一の効果的な予防策である。希望の源泉は若者たちであるとよく言われるが、それは、かれらは性的にまだ活動的でないので通常はエイズに感染しておらず、また、性行動もこれから柔軟に変化しうるからである。エイズの広がりを食い止めることに成功した多くの国々、たとえばウガンダでは、若者たちがとりわけ学校における予防キャンペーンの優先的な対象になった。ケニアは、エイズ予防を学校のカリキュラムに導入した国の一つである。他の国々と同様、このプログラムも、様々な教会と国際機関（ケニアのプログラムを練り上げるのに大いに参加したユニセフなど）、そして政府の間のデリケートなコンセンサスの産物である。東アフリカでよく知られているキャンペーンは次のようなものだが、Aの優先度が高く、それからB、C、Dの順番に進んでいく。「〔性行為を〕慎め（Abstain）、〔特定のパートナーに〕忠実であれ（Be faithful）、コンドームを使え（use a Condom）、さもなければ死ぬ（or you Die）」。小学校（〔東アフリカでは〕中学校二年生までの世代が含まれるが、思春期の若者のほとんどが性的に活動的である）では、慎むことの大切さが強調される。コンドームの利用法の実演は禁止されている。

どのような予防プログラムにおいても、リスク回避かリスク管理のどちらかを選ばなければならない。一〇〇パーセント効果がある唯一の予防実践は、性行為を慎むことである。思春期の若者に対してひたすら禁欲するよう説得できるなら、かれらは完全に危険を回避できるだろう。リスク管理のほうを優先させるとしたら、リスクがより少ない行動を採用するように奨励することになるが、それがリスクを最小化する行動だというわけでは必ずしもない。このカテゴリーに入るのは、コンドームの奨励である。より確実だけれども実践するのが難しい（あるいは不可能な）行動を奨励するか、あるいは、あまり確実ではないけれども、対象

となる個人からすると手が届きそうな行動を奨励するか。選択はどちらかである。

あるNGO（「ICSアフリカ」）、ケニア政府、そして研究者グループが実施した調査によって、リスク回避戦略とリスク管理戦略の効果を比較することが可能になった。[20] 予防プログラムは原則的にすべての学校で実施されることになっているものの、教員が研修を受けていなければ、現実には実施することはできない。政府は学校で教員たちに段階的に訓練を施す専門家のグループを用意しているが、人的および物的な資源が不足しているせいで、この研修プログラムはゆっくりとしか進行していない。いずれにせよ、このような状況だったおかげで、一校あたり三人の教員に即座に研修を受けてもらう学校のグループを、ランダムに選ぶことが可能になった。それ以外の学校では、研修は後で実施されることになる。政府が指導員を派遣し、ICSが一週間にわたるセミナーの実際の運営を担当することになった。この研修をただちに実施するために、西ケニアの二つの県の三二八の学校のなかから、一六三の学校がランダムに選ばれた。

その一方で、教員が研修を受けるグループのなかの三五の学校、そして教員が研修を受けないグループのなかの三六の学校において、ICSは「シュガー・ダディー」[21]（「パトロン」）と呼ばれるリスク低減プログラムを実施した。他のアフリカの国々と同じく、ケニアにおいても、思春期の多くの女の子たちが、しばしば既婚である年上の男性と性交渉をもつ。それは多かれ少なかれ取引関係に基づいており、女の子たちは実際に養われているというわけではないが、小さなプレゼントや学校教育の援助などを受け取っている。異世代間のこうした関係は、伝染病が蔓延する重大な要因になっている。なぜなら、こうした熟年の男性のほうが若い男の子よりも感染していることが多いからである。若い女の子たちがエイズに感染し、それから彼女たちが同年代のパートナーに感染させる恐れがある。一五歳から一九歳までの女の子の感染率は、同年代の男の子の五倍に達する。

ところが、女の子たちはそのような数字については知識がない。ＡＢＣＤプログラムを通じて、彼女たちはエイズウイルスはどこにでも存在するものだと信じており、同年代の男の子のリスクを過大評価しているのである。彼女たちは、シュガー・ダディーのほうが若い男の子よりも真面目で、リスクが少ないとまで考える傾向がある。それに、子どもが生まれてしまった場合、思春期の青年よりも、年長の父親のほうが養ってくれる可能性が高い。妊娠という差し迫ったリスクの観点からすると、女の子にとってはシュガー・ダディーのほうがより安全なパートナーなのであり、そこから二つの帰結が生じる。この種の関係が助長されるとともに、年長の相手についてはコンドームをあまり使わなくなるのだ。八年生（平均年齢は一五歳）の女の子と男の子を対象とする「シュガー・ダディー」プログラムの介入は、とても単純なものであった。ユニセフが制作したシュガー・ダディーに関するアニメーションの上映から始めて、それからＩＣＳの司会者が、男性と女性では年齢別の感染率が異なることを生徒たちに説明した。とりわけ、年長の男性のほうが若い男性よりも感染している可能性がずっと高いことを強調した。

予防プログラムとリスク管理プログラムという二つのアプローチの効果を評価するには、性行動をよく理解することが大切である。肯定的に判断される行動の大切さを強調しながら予防介入を行うと、質問される者は質問する者を喜ばせるために、実際の行動は変えないままで回答内容のほうを変えてしまうかもしれない。したがって、リスクが高い性行動を測る客観的な尺度を用いる必要がある。思春期の若者の感染率は（幸いなことに）まだ非常に低いので、エイズ検査の結果は尺度として使えない。他方、コンドーム以外の避妊具がなかなか手に入らない思春期の女の子については、妊娠はリスクの高い性行動を示す良い指標となる。したがって、十代の女の子の妊娠が減少することは、無防備な性交渉が減少していることの兆しとなる。

結果を見てみると、ＡＢＣＤプログラムの教員研修が実施された場合には、学校でエイズ対策キャンペーンに割り当てられる時間は確かに増えているけれども、ＨＩＶに関する知識も、自己申告による性行動も、まったく変化していないことがわかる。さらに、介入の一年後、三年後、五年後を見ると、介入の時点で六年生、七年生、および八年生だった女の子たちの妊娠率は、教員が研修を受けた学校でも受けていない学校でも変化がなかった（それぞれ五、一四、三一パーセントだった）。他の類似の介入（とりわけメキシコとタンザニア）の評価も同じ結論に達しており、リスク回避を中心とする一般的なメッセージを伝えても効果が上がらないようである。[22]

他方で、「シュガー・ダディー」プログラムの介入の効果は際立っている。このプログラムの対象となった女の子たちについては、年長の男性とは性交渉を行う機会が減少し、同年代の男の子とは増加した（そして同年代の男の子とのほうがコンドームを使いやすい）と明言している。一年後、プログラムが実施されたクラスの妊娠率は三・九パーセントだったのに対し、対照群の学校では五・四パーセントだった。この低下は、何よりも、年長のパートナーとの性交渉の頻度が三分の二ほど（二・四パーセントから〇・七九パーセントへ）減少したことによるものである。したがって、相手が誰であっても危険だと断言する一般的なメッセージは、思春期の女の子たちにはあまり役に立たず、もっと対象を特定した実用的なメッセージ（「シュガー・ダディーに気をつけろ」）のほうが、ウイルス感染の観点から最も危険な性行動、すなわち年齢の違うパートナーとの無防備な性交渉の発生率を下げることができるように思われる。要するに、あまり知られていない特定の情報を普及させることは効果的だけれども、一般的な呪文を唱えても役に立たないということである。

エイズ予防の事例は、もう一つ別のことを明らかにしている。それは教育そのものが、たとえ一般的なものであり、健康とは具体的な関係がない場合でも、公衆衛生政策の一つになりうるということである。より長く就学していれば、女の子たちは無防備な性交渉を避けて、エイズから自分の身を守ることができる。これは二つの理由によって説明できる。一方で、学校は生徒たちに、情報をよりよく判別できて、健康の仕組みをよりよく理解できるような手段を身につけさせる。他方で、就学している女の子に赤ちゃんができると、即座に退学せざるをえないという極めて深刻な結果がもたらされる。逆に、そもそも妊娠とは異なる理由で学校を中退せざるをえない女の子にとっては、子どもを産んで家庭を持つことができれば、自分を家政婦扱いする家族から逃げられることになるだろう。

学校に通い続ける生徒たちのほうが無防備な性交渉をしないという仮説を検証するために、ICSは、三二八の学校の半分で六年生を対象に制服を配布し、一八カ月後にまだ就学していれば、さらに新しい制服を与えると約束した。前の章で述べたように、このプログラムは中退の減少をもたらした。とりわけ女子学生について、小学校の最後の学年（中学校二年に相当する八年生）になる前に中退する割合は、一八パーセントから一五パーセントに低下した[23]。このプログラムは妊娠についても強いインパクトがあった。三年後、制服を与えられた女の子のなかで妊娠している者の割合は（与えられなかった女の子の一四・四パーセントに対して）一〇・八パーセントだった。このおよそ四ポイントの差は、年齢とともに妊娠する女性は増加していくにもかかわらず、五年後にも変化していなかった（三〇・七パーセントに対して二七パーセント）。したがって妊娠に対する制服の効果は、中退に対する効果とほぼ同じくらいに重要である。

啓蒙キャンペーンを超えて体験する機会を与えることによって、新しい行動を奨励することも可能である。新しい行動が試されれば、習慣の力で、またはその長所が自覚されることで、その行動は定着していくかもしれない。同じように、隣近所や友人の大部分が新しい習慣を取り入れると、新しい社会規範が確立されることで（規範は「デフォルト」の選択肢としての役割を果たすが、すでに述べたように、時間的不整合が存在する場合、これらの規範は行動に対して強いインパクトを与えることになる）、またはその有用性が明らかになることで、自分たちの習慣を変えることにもつながっていく。

殺虫剤を練り込んだ蚊帳の購入と使用に関する最近の調査は、これらの二つのメカニズムをきわめて明快に論証している。殺虫剤を練り込んだ蚊帳は、マラリアを予防する最良の手段である。さらに、これらの蚊帳はマラリア原虫を運ぶ蚊の数を減少させるから、そのポジティブな効果は他の人々にも広がっていく。したがって、マラリア地帯で蚊帳に補助金を出す政策が正しいことについては意見が一致している。しかし、（とりわけＷＨＯのなかに）蚊帳は無料配布すべきだと主張する人々がいる一方で、受益者に少しでも代金を払わせる必要があると主張する人々もいる。[24] 後者の人々は無料配布に反対する論拠をいくつか提示している。

まず、蚊帳を無料で配布してしまうと、必要でもないのに蚊帳を要求する態度を助長するリスクがあるだろう。それから、財産になるもののためにお金を払うようにすれば、そこには無料のものにはない価値が与えられるから、その価値のおかげで人は蚊帳を使うようになるだろう。これらの二つの理由があるために、蚊帳を無料で配布してしまうと、受益者はそれを自分で購入した蚊帳ほどには利用しないかもしれない。さらに、蚊帳の無料配布を受けた人々は、蚊帳およびその種の財が恒久的に無料になることを期待するので、その結果、援助依存の文化が広がっていくリスクがあるのではないだろうか。そして、一部の人が無料配布を受けると、その隣人や友人たちも無料で蚊帳をもらえるまで待とうとして、自分で購入するのを控えてしまうのではないだろうか。もっとも、重要なのは学習効果であって、価格感受性が強いのは人々が利益を誤解しているせいなのだとすれば、これとは逆に、蚊帳を試した家族がさらにもう一つの蚊帳を欲しがるようになる可能性もある。つまり、今日の無料配布が明日の購入を奨励するというわけである。同じように、隣人の家で蚊帳を見た人は、自分の家にも蚊帳があったらいいと思うかもしれない。無料配布が未来の購入にどのような影響を与えるかは不明確であり、経験によらない限り議論に決着をつけることはできない。

パスカリーヌ・デュパは、この問題を解明するためにIPAケニア協会（IPAK）と協力して、次のような実験を考案し、実施した。[25] まず、IPAKのメンバーは、いくつかの学校の生徒の親に対して、殺虫剤を練り込んだ蚊帳を地元の店で購入するための割引券を配布した。蚊帳の販売単価は五ドル（三・六ユーロ）であり、割引後の単価は、割引券の種類によって〇から二五〇ケニア・シリング（三・八ドルまたは二・七ユーロ）の間であった。無料になった人の九八パーセントが蚊帳を受け取りに行き、四〇から五〇ケニア・シリングを払うことになった人の六六パーセントが蚊帳を購入したが、一九〇から二五〇ケニア・シリングを払うべき人の購入率は一七パーセントにとどまった。すでに見慣れた光景だが、価格感受性の強さがここでも現れている。ところが、払った金額が蚊帳の使用に影響を与えることはなかった。無料であれ有料であれ、全家庭のおよそ三分の二が蚊帳を使っていたのである（残りの三分の一は、概して、後で使うために保管していただけだった）。コンテクストが違っていても同様の結果が出ているが、このことは、選択の影響も価格の心理的影響も、蚊帳の使用には大きなインパクトを与えていないことを明らかにしている。[26] 蚊帳が無料だから使われないというわけではない。

長期的な影響はどうだろうか。隣人や友人が蚊帳の無料配布を受けている人々は、自分も一つ購入してみようという気になりやすい。特定の人々に蚊帳を無料配布すると、他の人々の購入の妨げになるどころか、かれらに投資を促すインセンティブになる。最初の使用者が、いわば、その製品の販売促進大使になるわけである。最終的に、数カ月後、配布の第一陣に参加したすべての家庭が、一五〇ケニア・シリングという価格で蚊帳を購入してみてはどうかという提案を受けた。二つ目の蚊帳を買った人の割合は、最初の蚊帳を無料で受け取った人については二一パーセントだったのに対して、割引券をもらった人（それを使って実際に購入したかどうかはわからない）については一五パーセントだった。蚊帳の無料配布は依存文化をもたらすという懸念は当てはまらない。無料化の試みは未来の購入を妨げるのではなく、むしろ各家庭に新製品を試す機会を与えることで、それを手に入れるためにお金を払おうという気にさせるのだ。つまりこれらの蚊帳は、無料サンプルを配布して消費者に試してもらう新商品と似たようなものである。こうした結果は、予防行動のメリットにかかわる二つの学習メカニズムをわかりやすく説明している。それは実践であり、実例を示すことの力である。

保健医療政策にかかわる含意

これまで検討してきた実験に照らして考えると、保健医療については、予防医学が提案されたり需要されたりするような状況を、市場が自然につくりだすことはない、と結論づけることができる。したがって、公共セクターの壊滅的な状況を解消するために保健医療サービスを民営化しようとする誘惑は、規制や情報提供の努力が伴わない限りは、危険なものである。同じように、コミュニティによる自己調整も期待できない。ワクチンに対する需要が低い限り、村議会は、子どもたちに予防接種を強制しようとして村民の怒りを買うようなことはしないだろう。

予防ケアへのアクセスを改善する公共の努力も重要である。短期的には、価格感受性の強さを利用することに大きな意味があることが示唆される。それらの予防サービスに最大限の補助金を支給するだけでなく、サービスを受ける家庭に報償を提供する必要がある。より需要が大きい予防的な財を利用して別の予防サービスへのアクセスを奨励できるという、とりわけ好都合な事例もある。殺虫剤を練り込んだ蚊帳を産院で配布することで、出産前ケアに対する妊婦のアクセスが拡大したという事例が、これにあたる。今日では、麻疹のワクチン接種キャンペーンの際に蚊帳が配布されている。

より長期的には、情報提供と意識向上のための努力を払うことが依然として重要である。ここで、政府が信頼されているかどうかが決定的な切り札になる。というのも、情報を受け入れてもらうのに、いちいち証拠を示すわけにはいかないからである。しかし、政府というものは、空想的な目的を追求しようとして（インドにおける不妊手術の事例のように）人々が自分たちに寄せる信頼を裏切り、それをぶち壊しにする傾向がある。人々の行動を変えようと望むのであれば、現実的な応答を要求する単純なメッセージに集中する段階を経ることが欠かせない。

第Ⅰ部の結論

というわけで、最も貧しい人々が、質の高い教育や医療の制度によりよくアクセスできるようにすることは、可能である――しかも、さほど難しいことではなさそうである。多くのイニシアチブが示すように、きわめて安上がりの介入（読み書きの実習、腸内寄生虫の駆除、ワクチン接種を奨励するためのレンズ豆の配布、そしてＨＩＶの感染率に関するわかりやすい情報の伝達）が、読み書きできないことや特定の病気の流行に対して、目覚ましい効果を発揮する。

これらの孤立した成功例と、教育と保健にかかわる制度全体のパフォーマンスの貧弱さは、驚くほど対照的である。高校を卒業したばかりの若者でさえ、子どもたちに数週間で文字の読解を教えることができる。ところが多くの子どもたちは、五年間も学校に通い、訓練を受けた教員の指導を受けているというのに、読み書きができない。なぜだろうか。一キロのレンズ豆がワクチンの接種率を七倍にできるというのに、毎年、二〇〇〇万人もの子どもたちがワクチン接種を受けられないでいる。なぜだろうか。

こうしたシステム的な失敗が生まれる主要な理由は、二つあると思う。一つは、教育と保健をめぐる政策に積極性が欠けているということだ。政府や国際機関の側からイノベーションが生まれることは滅多になく、それはしばしばNGOからやってくる。制度はそのまま存続する傾向があり、政府が大幅に予算を増やそうと準備する時であっても、五年前のインドがそうだったように、一般に「同じものをより多く」(より多くの黒板、より多くの教員、より多くの看護師、より多くの薬品といった具合に) 提供しようとする。教育についても健康についても、そのような介入を行っても普通は役に立たないことがわかっているにもかかわらず、である。

このような流れに反する事例を示すものとして、メキシコのPROGRESAプログラムは、とりわけ興味深い。このプログラムは、望ましいと判断されたいくつかの行動 (就学、予防ケア、ワクチン接種) を社会保障手当の支払いの条件とするものだったが、サンチャゴ・レビのチームがプロジェクトを構想した当時、これは論争を招く新しい考え方だった。しかし、彼の決意と、セディージョ大統領による支持に加えて、当時のメキシコでは複雑になりすぎていた社会福祉制度を根本的に考え直す必要が生じていたこともあって、試行的なプロジェクトを実行することが可能になった。実験は透明なものであり、そのおかげでPROGRESAは大成功だったと見なすことができる。就学者は増加し、子どもたちの健康は改善した。そこで、セディージョ大統領の後任者はこのプログラムを維持し、さらに拡大することになり、他にも数十の国々がこれをお手本にするようになった。さて、PROGRESAはこのように効果的ではあったけれども、教育への参加を促進しようとする他の介入と比べると、教育プログラムとしての費用対効果はあまり見栄えがしないものだった。PROGRESAが人気を博したことは、たとえ成果はそこそこだったとしても、成功することがはっきり証明されたプログラムに対しては政府も関心を寄せることを証明している。発展途上国の政府の間でイノベーションと評価を促進する政策が発展していけば、あらかじめ有効性が証明されているプログラムが普及していくと期待できる確かな理由があるわけである。政府の多くは、教育と保健医療の制度を改善するために行動することを望んでいるが、よいアイデアがなかったら、惰性のまま流されていく傾向がある。しかし、そのようなアイデアが存在するのであれば、国家にはそれらを実行していく準備があると思われる。

失敗の二つ目の理由は、変革の可能性について、私たちをより悲観的にさせるものである。今日の教育と保健医療の公的制度は、かなりの程度、人々のニーズとも現場の実態とも直接には関係をもたないような、官僚や専門家たちのイマジネーションの産物なのである。たとえば学校は、幅広く多様な住民たちに開かれるようになったにもかかわらず、相変わらずエリートの育成を目指している。大部分の子どもたちは小学校一年生になった時点で教育から排除されてしまう。教員の報酬を決めるのは最も優秀な生徒の成績だけなので、教員たちは優秀でない生徒たちを無視してしまう。多数派の子どもたちに読み書きを教えることは、教員たちの目標にならない。というのも、たとえ読み書きができたとしても、そのような子どもたちは「水準」に達しないからである。保健所には人が来ない。というのも、顧客は潜在的に危険な民間療法にお金を払おうとするからである。そして看護師のほうも、強制された無数の任務を果たそうと無駄な努力をするよりは、欠勤するほうを選ぶからである。

教育と保健医療の制度を改善するためには、社会が期待するものをより明確に定義し、優先度が高いものを実現できるように全面的な再編を行わなければならない。すべてを約束して何も達成されないと、受益者も受益者のために働いている人々も、離れていくことになる。逆に、使命が明確になっていれば、これらの人々を動機づけるのに貢献することができる。たとえば「セバ・マンディル」の教員たちは、かれらの出勤を確認するために使われるカメラを（自分たちが束縛されることになるにもかかわらず）高く評価している。というのも、カメラを使うことによって、先生たちは学校にいることを優先させている、ということを村人に実感してもらえるからである。逆に看護師たちは、不妊処置を望む女性を探すという無意味な努力のせいで、体力、信頼、そして最終的には働く動機を見失っている。こうしたプロセスがより深刻なのは保健医療のほうであるが、学校の質を改善する努力が行われなければ、教育制度もまた、保健制度と同じ道を歩み、親たちの信頼を失ってしまう恐れがある。これらのセクターが直面している問題を明るみに出すとともに、こうした問題の大部分は（誰もが嫌悪したがる）国際援助とは無関係であることを強調する必要がある。発展途上国の官僚の理解を得るのは難しいだろう。しかし、真の改革を進めようとするなら、それが必須の前提条件となる。やってみるだけの価値がある。達成できる進歩の広がりはほとんど無限なのである。

第Ⅱ部　自立政策

第Ⅱ部の序

国際援助のパフォーマンスをめぐる悲観論、より一般的には最貧層の人々を助けようとする試みをめぐる悲観論を背景として、貧困との闘いの当事者たちは新しいスローガンを考え出した。それは、「貧困との闘いを貧しい人たちに返そう」というものである。この原則によれば各人は自分の生き方をコントロールする権利を有しているのであり、そのような一般的な原則に反対するのは明らかに難しい。しかし、生き方を実際にコントロールする能力が各人に備わっていない限り、そして何よりも、優れた教育と効率的な保健医療にアクセスできる能力が各人に備わっていない限り、そのような権利は何の意味ももたない。

「責任主義」的な言説は、これらの能力を人々に保障する責任を、政府から取り去ってしまう。この視点からすれば、公共政策は、自分に関係することを自分で選択する手段を貧しい人々に提供するだけで満足すべきだ、ということになる。受動的に待っているだけの貧しい人々に気前よく施しを与えることは、政府の役割ではない。これからの政府の仕事は、市場を、そして地方の活発な民主主義を呼び覚まし、それらを機能させることである。貧しい人々の側は、個人として魅力を感じるプロジェクトを実現することによって、あるいは、集団として村が必要とする公共財を見極め、それらのサービスの質を確保することによって、自らを助ける手段を見つけなければならず、それがかれら自身の仕事だということになる。現在の流行によれば、貧困に対する闘いの二つの支柱は、金融サービスに対するアクセスの保証と、公共財管理の分権化である。

これらの支柱は、「イーベイ」創業者のピエール・オミダヤ、「援助懐疑論者」のウィリアム・イースタリーのみならず、マイクロクレジットの創始者であるムハマド・ユヌスも絶賛しているものである。

発展途上国の政府は、最初は抵抗しつつも、こうしたアイデアをおおむね受け入れていった。たとえばインド政府は、二〇〇三―〇四年の予算に健康保険の国家計画を組み込んだ。貧困基準線以下の家族は、ごく少額の補助金を受けながら年間一一ドルを自己負担することによって（一家族が年間一一ドル支払えば、政府が二ドルを援助する）、年間最大で六〇〇ドルをカバーする健康保険に加入できるようになった。マイクロクレジットは、今では貧困に対する闘いの基本的な道具の一つになっている。貧しい小規模起業家を対象に、（たいてい一〇〇ドルから一〇〇〇ドルの）マイクロローンを提供するプログラムは、政府系、半官半民、民間を問わず多数存在しており、その例としては、インドネシアの小規模農業発展プログラム、メキシコのカルデロン大統領が着手した小規模起業家に対する全国融資プログラム、およびインドの「セルフ・ヘルプ・グループ」がある。これらは寄付行為ではない。金利は高く（月利は最大五パーセント）、融資を受けた者は毎週の返済期限日に行われる集会に参加することが義務づけられる。しかし、これらのローンの返済条件は市場よりもはるかに有利であり、貧しい人々の起業家精神を刺激して、富と貯蓄の好循環を始動させることになると期待されている。さらにいくつかの国々では、地方の公共財の管理を自治体に委託することが試みられている。教育の質の改善を目的とするインドの連邦政府プログラム「サルバ・シクシャ・アビヤン」（万人のための教育運動）は、契約教員を募集し、監督し、さらに必要な場合は解雇できる権限を、学校評議会に委ねた。インドネシアでは、自治体が自らのインフラを整備できるように、「ケチャマタン（郡開発プログラム」が資金を提供している。ブラジル、インド、東ティモールその他の場所では、選挙で選ばれた村議会が増加しており、ますます大きな責任を委ねられるようになってきている。

これらのすべてのプログラムは、貧者は自らを助けるべし、というアイデアを共有している。すなわち貧しい人々は、医療皆保険（CMU）を受けられるフランス人やメディケイド（医療扶助制度）に加入するアメリカ人のように（または当初計画されていたようなインドの保健医療制度のように）無料治療に頼るのではなく、自分たちで健康保険料を支払わなければならないというのだ。貧しい人々は、週ごとに十分な金額のお金をかき集めて、参加を義務づけられている集会の際にマイクロクレジットの返済を行わなければならない。かれらは地方政治に関与し、道路の建設を監督し、教員たちを監視し、何も盗まれていないことを確かめなければならない。その前提には、少しばかり後押しして好都合な環境を整えてあげれば、貧しい人々にもこうした仕事ができるのであり、かれらは実際にそうしたがっているという想定がある。ラテンアメリカの非常に重要なマイクロファイナンス機関である国際コミュニティ支援基金（FINCA）の創立者ジョン・ハッチは、こう述べている。「最も貧しいコミュニティによい機会を与えて、それから道の脇に退きなさい」。世界銀行も同じようなことを述べている。「そうするだけの価値があることについては、コミュニティは自分で問題を引き受けるものだ[2]」。

貧しい者は誰であれ本質的に起業家であるというアイデアは、とりわけムハマド・ユヌスやエルナンド・デ・ソトといった人々によって世に広められてきた。デ・ソトによれば、貧しい人々が貧しいままなのは、かれらが自分の家（たいていの場合、自分が所有している唯一の価値あるもの）の権利証書をもっておらず、したがってそれを融資の担保として使えないからである[3]。このような信念は、貧困との闘いにあたって、資本家と大金持ちに多大なる駆け引きの余地を与えた。自分たちがお金を儲けると同時に、貧しい女性が自分のなかに眠っている起業家を発見していくという「双方が得をする（ウィン・ウィン）」プログラムのアイデアは、貧困を安上がりに解消できる可能性をちらつかせるものであり、資本家（よいことをしながら自分のためにもなるなら最高ではないか）と政治家には、魅力的である。

これと同じように、現場の作戦行動の指揮権を貧者に与えさえすれば、公共サービスを蝕む汚職や劣悪なガバナンスといった問題は一挙に解決されるというアイデアもまた、魅力的な奇跡の解決策を提供するものである。村人たちにとって、公共の資金が正しく使われることは自分たちの利益になる。そして、村人たちは現場にいるので、悪弊を是正し犯人を罰するのに必要な情報を手にしている。地方分権の試みは、自分たちがどんなサービスを受けたいのか、そして誰にサービスを提供してもらいたいのかを人々自身に選んでもらうことを通じて、汚職の減少に貢献するとともに、公共の支出と現実のニーズを着実に一致させていくことができるはずである。

「伝統的」なプログラムは失敗したかもしれない（失敗という総括それ自体にも微妙なニュアンスがあるのだが）。しかし、だからといって、このようなモデルの有効性が証明できたことになるのだろうか。貧しい人々に手段を与えるやいなや、かれらは起業と地方政治の責任を担う準備を整えて、スタートラインに立つことができる、ということを実際に示すデータがあるのだろうか。（多様な金融サービスへのアクセスという広い意味での）マイクロファイナンスが人気を博しているのは確かである。ところが、興味深いことに、その厳密かつ公平なインパクト研究は、つい最近まで行われたことがなかった。地方分権をめぐる議論もまた、しばしば抽象的で一般的なものにとどまっており、その細部については議論する価値などないかのように、詳細な検討は避けられてきた。だが、制度の機能を（そしてもちろん機能不全をも）理解しようと望む者にとっては、これらの細部こそが根本的に重要なのである。集会に参加するのは誰だろうか。投票するのは誰だろうか。地方分権には多数派またはエリートの専制政治をもたらすリスクがあるのだろうか。より一般的には、貧しい人々が目の前の問題に翻弄されるリスクを無視したままで、かれらに生存のためのすべての手段（経済活動から村の行政まで）を委ねてしまっていいのだろうか。

本書の第Ⅱ部は、これらの疑問に答えるために主として過去五年間に実施されてきた研究の総体に基づいている。これらの仕事はすべて、過去一〇年間に一般化した実験的な手法を開発経済学に応用したものである。この非常に実りの多い実験的な手法は、医学の分野の臨床試験からインスピレーションを受けている。ここではある政策の影響を受けているグループと受けていないグループを比較するのだが、二つのグループはあくまでランダムに構成されている。[4] たとえば、マイクロクレジットのインパクトを評価するためにインドの「スパンダナ」と協力して実施した研究は、この団体が活動している五二の地区と活動していない五二の地区を対象として、新たに設立された事業の数、世帯の消費、および各世帯の健康と教育に対する支出という同一の変数について、どのような違いが生じているかを比較するものだった。「スパンダナ」は、マイクロクレジットの活動に着手した五二の地区をランダムに選んだので、そのことによって、合計一〇四の地区が互いに比較可能であることが保証されている。つまり、「スパンダナ」の介入から二年後に二つのグループの間で観察されるようになった差異は、それぞれのグループに固有の差異ではなく、マイクロクレジットがもたらした差異だと信じることができるのである。異なる種類の介入にさらされた厳密に比較可能な複数のグループを構成し、それらのグループを互いに比較対照できるようにするために、本書で紹介する研究はすべて、どこかの時点で偶然による介入を行っている。

このような手法を、創造的なやり方で、そして現場のパートナーと緊密に協力しながら適用していけば、私たちは、「マイクロクレジットによって貧困を減らすことができるのだろうか」といった本質的な問いに答えることができるだろう。さらにその先において、これらの研究は、何がうまくいくのか、なぜうまくいくのかを明らかにしてくれるだろう。これらの調査研究の結果が集まってきたことで、私たちはこれまで以上に、マイクロファイナンスの強さと弱さを確認することができるようになった。さらに、ガバナンスの問題に対してまで実験的なアプローチが適用されるようになったのは、もっと最近になってからである。このアプローチは、経済学者と政治学者の両方の支持を受けて、政策に関する言説の性格を深く変化させた。私たちは制度の構造を、理論的かつ一般的なやり方ではなく、個別的かつ具体的なやり方で問い直さざるをえなくなってきているのだ。貧困に対する効果的で持続的な闘いの主導権は、最も貧しい人々に返還されるべきだとされる。金融サービスへのアクセス、そして地元の決定権力へのアクセスは、そのような闘いに勝利する鍵になるのだろうか。これらのすべての仕事を通じて、私たちは、この問いに答えられるようになるだろう。

第3章　マイクロファイナンスを問い直す

一九五〇年代と六〇年代、多くの発展途上国では、最も貧しい人々に融資へのアクセスを保証する政策の優先度が非常に高かった。たとえばインドでは、銀行（一九六九年と一九八〇年の二回にわたって国有化された）が都市部で新しい支店を一つ開こうとすれば、まだ支店が存在していない農村地域に少なくとも四つの支店を開設しなければならなかった。これらの新しい公的銀行は、「総合農村開発」プログラムに支えられて、農民たちに補助金付きの融資を提供していたものだ。

一九七〇年代末以降になると、こうしたイニシアチブは後退し、深刻な悲観論が優勢になっていく。未返済が相次いだことで、これらの銀行が破綻の淵に追い詰められていったのである。インドのプログラムの分析では、貧者一人あたりの消費を一ドル増やそうとすれば、銀行は三ドル支出しなければならないことが示された(1)。だとすれば、このドルを貧しい者に貸すふりをするよりも、直接与えたほうがよかったのではないだろうか。他方、現実には返済する必要がなかった貸付金は、政治家や、あまり貧しくない農民たちの注目を引いて、これらの人々に徐々に利用されるようになっていった。公的銀行は、選挙が実施される年になると、とりわけ接戦になっている地方で貸付金を増やしたのである。しかし実際には、それが農業や工業の生産の改善につながることはなかった。[2] 一九九一年、補助金付き融資プログラムの失敗を認めたインドは、銀行に農村地帯の支店開設を義務づける規定を廃止してしまった。

政府が最貧層の人々にお金を貸そうとすると困難がつきまとうが（それはインドに限った話ではない）、それとは驚くほど対照的に、インフォーマル融資の市場はたいへんな活況を見せている。これらの融資には、村の質屋から「トンチン年金」[3]、そして隣人どうしの貸付までが含まれる。これらのインフォーマルな制度には法的な契約という地位が欠落しているため、司法や警察による保証を受けることができない。にもかかわらず、法的制度が惨めに失敗しているところで、これらはうまく機能している。これらの成功した例やいくつかの手法から、貧しい人々にお金を貸すためのインスピレーションを得ることができないだろうか。

マイクロクレジット革命が見事に成功したのが、まさにこの分野である。一九七六年、ムハマド・ユヌスは、バングラデシュのダッカの近くで自分の給料を使って数人の女性にお金を貸すことで、グラミン銀行を設立した。今日、マイクロクレジットは地球的規模の現象になっており、一億五〇〇〇万人から二億人の顧客を抱え、取引高は二〇〇億ドルに達している。その返済率は非常に高く、しばしば九五パーセントを超える。フランスの経済イニシアチブ権利協会（ADIE）、そして米国の「グラミン基金」や「アクシオン」といった機関は、このコンセプトを豊かな国々に導入したものである。

マイクロクレジットは、貧困に対する介入としては、今日おそらく最も大きな注目を集めている。私たちは時に、マイクロクレジットの二つの「乳房」について語る。すなわち、商業的な側面（マイクロクレジット機関の大部分は、財政的に自立することを望んでいる）と社会的な側面（これらの機関の明示的な目標は、顧客が貧困から抜け出すのを助けることである）である。そして、この運動は、これらの両方の分野において大きな成功を収めてきた。二〇〇六年、ムハマド・ユヌスとグラミン銀行はノーベル平和賞を受賞した。二〇〇八年、メキシコのマイクロクレジット機関「コンパルタモス」は、テクノロジー分野の新興企業並みの収益を得て、証券取引所への上場に成功した（ただし、この機関は金利も収益も高すぎて「新たな高利貸し」と変わらないというので、ムハマド・ユヌスの激しい怒りを招いた）。今日、マイクロクレジット機関は、単なる金貸しの役割を超えて、顧客に貯蓄プランや不動産ローン、あるいは保険契約を提案することによって、マイクロファイナンス機関（頭文字はIMFになる）に脱皮することを目指している。

マイクロクレジットへの期待は、単なる金融サービスへの期待をはるかに超えて、その並外れた発展に見合ったものへと大きく成長してきている。二つの「乳房」の共存は、「双方が得をする」状況の到来を期待させるものだった。それは、皆が気前よくお金を出しているようで実際には何の費用もかかっておらず、永遠にリサイクルが可能であり、貧しい人々は自分たち自身のエネルギーに依拠して現状から脱出する手段を与えられる、という状況である。マイクロクレジットの資金調達を調整する世界銀行の機関である貧困層支援諮問機関（CGAP）のウェブサイトによれば、教育、健康、女性のエンパワーメントなどに対する効果が約束されている。しかし他方では、反発も激しい。かつて、マスメディアはマイクロクレジットを絶賛していたものだが、今では金利の高さ、顧客が抱え込む累積債務、そしてまったく改善しない日常生活を告発するドキュメンタリーや記事を流している。貧困に関する多くの議論と同じように、この論争もまた、熟慮と具体的事実ではなく、情念と逸話に基づくものだ。しかし近年、数多くの研究が観察を積み重ねてきたおかげで、私たちは、より完全で、必然的によりニュアンスに富んだパノラマを描けるようになってきた。

貧困と、融資へのアクセス

信用市場の経済分析

経済分析は、あらゆる信用市場が二つの本質的な問題を抱えていることを示している。一つはモラルハザード（借り手が悪質な振る舞いをする状況）であり、もう一つは逆選択（借り手が貸し手にすべての情報を与えない状況）である。この二つの現象のために、最も貧しい人々が融資にまったくアクセスできなくなることがある。さらに、お金を借りることができたとしても、これらの問題のために、かれらが支払う金利は豊かな者が支払う金利よりも高くなりがちである。この状況は、潜在的に三つ目の問題を引き起こす。つまり、果して貧困層のプロジェクトから、高い金利を返済できるほどの利益が上がるのだろうか、という問題である。

モラルハザードの概念は、借り手がわざと悪質な振る舞いをする状況を示している。たとえば、実行することを約束したプロジェクトを実行しない、あるいは、プロジェクトが実現して十分な余剰金が出たにもかかわらず、借金を返済しない、といった状況である。後者の例を詳しく検討してみたい。ある人が貸付金を使ってある事業を取得したとしよう。この人はこの財産をより低い価格で転売し、借りた金は返さないままで逃げることができる（もちろん、訴えられてすべてを失うリスクを抱え込むことになるが）。ここでは、借り入れた資金の割合が大きいほど、約束を破ろうとする誘惑は大きくなるだろう。というのも、借り手が失うのは自分が投入した資金の分だけだからである。極端な場合には銀行が資金をすべて提供するので、借り手自身の損害はまったく発生しないことになる。銀行がこうした状況を避けようとすれば、投資される資本のなかの十分な額を借り手自身が負担するように要求しなければならない。そうやって、借り手が転売または逃走した場合、借り手自身の損害が、銀行に返済すべき借入金の額よりも大きくなるようにするわけである。金を貸すなら金持ちだけに貸せ、という格言の通り、未来の起業家が借りられる資金は、本人がすでに有している財産の大きさに比例する。貸付限度額は、プロジェクトの質とはまったく関係がないことになる。

銀行は貸付金の管理にも資源を投下しなければならないので（職員、書類処理のコストなど）、事情はさらに複雑になる。これらの費用の一部は、借入金の金額からは独立している。それぞれの貸付について、職員がファイルをつくり、顧客と面談し、プロジェクトを評価し、活動を追跡し、返済を確認しなければならないのである。銀行は自分が損をしないように、これらの費用を貸付金の金利でまかなおうとする。そして、最も貧しい人々は、借り入れるお金が少ない分だけ、金利の負担が相対的に大きくなってしまう。ところが、そうなると返済をやめてしまう誘惑が大きくなるので、貸付限度額は低く設定されてしまう。そうすると、それがますます金利の高さに跳ね返ってしまう。結果的に、貧しい人々は信用市場から完全に追放されてしまいかねない。かれらにとって、金利が高くなると貸付可能額が低くなるという悪循環には終わりがない。

この考察のなかに、マイクロファイナンスを成功に導いた二つの理由がすでに示されている。まず、貸付金の管理費の削減には、一種の乗数効果がある。管理費が下がると金利が下がり、したがって返済をやめようとする誘惑が減少し、さらに金利が下がるわけである。それが可能になれば、これまで排除されていた人々に信用市場を開放できることになる。そして、強制貯蓄（それが法的に許される場合）が行われるならば、顧客は担保になりうる財産を蓄えることができるし、金利を引き下げながら、借入可能額を引き上げていくことができる。

この単純な分析を通じて、メキシコの借り手が支払う金利（それはユヌスが許容できる三〇パーセントよりはるかに高く、七五パーセントに達していた）に関するムハマド・ユヌスと「コンパルタモス」の論争を、よりよく理解することができる。「コンパルタモス」が適用していた金利は、実は、メキシコの他の機関の金利と同じ程度であった。この金利の高さを正当化する理由は、まさしくメキシコでは管理費が高いことであった。というのもメキシコは中所得国なので、職員の給与が比較的高いのである。「コンパルタモス」がより低い金利で貸し付けようとすれば、小規模な貸付は回避されることになり、そうやって最も貧しい人々が顧客から排除される結果になっていたことだろう。「コンパルタモス」がより多くの人々を包含しようとするならば、逆説的なことに、高い金利を設定することが唯一の手段だったわけである。(4)

融資に対する最貧層のアクセスを制約する二つ目の障害が、逆選択である。これは、たとえばプロジェクトの持続性やリスクについて、借り手が貸し手にすべての情報を与えない状況を示している。何らかの理由によって、ある特定の借り手が、他の別の借り手よりも多くのリスクを抱えていることがある。銀行が「リスクを抱えた」借り手を識別できないならば、とりうる唯一の方法は、起こりうる損失をカバーするために金利を上げて、同じ金利を全員に払わせることだろう。つまり、信頼できる借り手も、高い金利を払わなければならないことになる。逆説的なことに、この金利の引き上げが次には債務不履行のリスクを高め、結果的に銀行は、高い金利で少ししか貸し出さないことになる。高金利によっていちばん確実な借り手さえも借りる気を失うことになり、その結果、銀行はさらに金利を上げることになる。こうやって終わりのない悪循環が進行する。メカニズムは異なるけれども、ここでもまた、最も貧しい人々が信用市場から完全に排除され、借りられる者にとっては金利が非常に高くなるという状況が発生してしまう。

この場合、貸し手が未来の顧客についてより多くの情報を集めることができるならば、融資の条件を改善することができるだろう。ここで新たな固定費は、特定の貸付金にではなく、銀行と顧客の関係性に結びつけられる。最初の借り入れの際にこの固定費が支払われれば、銀行はその後、その顧客にお金を貸しやすくなるし、その顧客は同じ銀行から繰り返し借りようとするだろう。しかし、皆が同じように行動するとしたら、新しい貸し手を探している借り手は、新規の顧客でないとすれば、過去の債務不履行のせいで他の貸し手から融資を断られた借り手かもしれない。そうなると、貸し手を変えようとすると怪しまれるので、乗り替えは難しくなる。こうやって、（たとえば多数の貸し手が存在することで）市場が一見して競争的に見える場合でも、貸し手と借り手の関係は事実上の独占状態になり、貸し手はいったん顧客になった者を縛りつけて搾取できるようになる。パキスタンで実施された村の高利貸しに関する研究は、このメカニズムを明らかにするものだった。[5] 村の高利貸しが自分以外の高利貸しの顧客を引き受けるのを断るとしたら、それは競争相手に対する配慮からではなく、そんなことをしても自分たちの利益にならないからである。そういうわけで、村人たちは、自分たちのことを調べるのに（かなりの額の）費用を払った高利貸しとの個人的な関係の内部に閉じ込められてしまう。したがって高利貸しは、桁外れの水準に金利を引き上げることができるようになる（年利が二〇〇パーセントに達することもある）。

信用市場の経済分析が、唯一の可能な分析だというわけではない。政治学や社会学の研究は、とりわけ伝統的農村における借り手と貸し手の関係を調べるにあたって、権力関係や社会構造が重要であることを明らかにしている。だが、経済学的な分析は、貧困が貧困を生み出しうることを見事に示している。たとえ政治的、社会的な制約がなかったとしても、貧困を理由として、貧しい人々が自分たちのアイデアや計画を実施する能力は制限され、潜在的な起業家たちは貧しく無力なままにとどまるのである。この個人的なメカニズムに、より全体的な水準で機能するプロセスが加わることもある。豊かな社会では、司法システム、有能な警察、そして信用センターを組織することができる。信用センターは、顧客の過去の返済情報を伝達することによって情報の非対称性の問題を食い止め、それぞれの顧客のエネルギーを解放することができる。しかし、このような水準の組織は、おそらく貧しい社会には手が届かないところにある。

このように信用市場は、貧困が固定化し深まっていく悪循環を示す事例の一つになっている。ジョゼフ・スティグリッツの影響の下で、これらの信用市場の分析が現代の開発経済学の試金石になったというのも、驚くべきことではない[6]。こうやって、信用市場の制約の実践的な重要性を調査することが、ますます重要になっている。それでは、信用市場の制約は、いったいどんな役割を果たしているのだろうか。

高い金利で需要は縮小するのか

信用市場の不完全性の第一の帰結は、高金利である。金利は、顧客の豊かさ、そして借入金の金額に反比例して、高くなっていくのである。そうなると、高い金利を埋め合わせるほどに高い収益が上がるプロジェクトを見つけられない限り、貧しい人々はお金を借りたがらないかもしれない。実際、インフォーマルな信用市場（主要な公的融資プログラムが失敗したために、これが最貧層の人々の資金需要の大部分をカバーしている）において適用される金利は概して高く、ばらつきがあり、それらは借り手の豊かさの関数として決まる。例を三つだけ挙げてみよう。まず、前述したパキスタンの高利貸しの調査によれば、貸付の際に適用される金利には年利で一八パーセントから二〇〇パーセントまでのばらつきがあり、平均でおよそ八〇パーセントだった。インドのチェンナイの果物商は、店に毎日並べる商品の分に相当する金額を卸売商から借りるのに、一日五パーセントの金利を払っている[7]（年利では五四〇〇万パーセント以上にも相当する）。ここまでひどくはないが、多くの国々においてインフォーマルな事業が支払っている典型的な金利は、インドのハイデラバードの起業家が支払っているもので、平均して月利で三から四パーセントに達する[8]。

これらの金利は貧しい人々には高すぎるだろうか。一見すると、そんなことはなさそうである。というのも、かれらは毎日このような金利で実際にお金を借りているからである。さらにインフォーマル市場における未返済率が非常に低いことを考えると、これらの借り入れの大部分は採算がとれる活動への融資になっていると思われる。つまり、たとえ金利が高くてもお金を借りることも返すこともできる貧者たちが存在するのであり、そのことは、かれらがこれらのお金を非常に生産的に利用していることを示しているのだ。ムハマド・ユヌスのイニシアチブの出発点になったのが、こうした観察であった。インフォーマル市場に適用されている金利でお金を借りたり返したりできるのであれば、高い返済率を維持しながら、もっと手頃な金利で融資することができるはずではないか、というわけである。

それにしても、私たちが知っているのは、借りることに決めた人たちが支払っている金利だけであり、そういう人々は、潜在的な起業家のプールに入っている人々のごく一部を代表するにすぎないかもしれない。実際には人々はずっと多様であり、多数の貧者が高金利のせいで伝統的な金融市場への参加を自ら断念している可能性がある。実際にどうなのかを知ろうとすれば、お金を借りることにした小規模自営業だけでなく、すべての小規模自営業の平均的な収益性（とその変化）を知る必要があるだろう。

スリランカで行われた実験が、この問題に関する情報を与えてくれる。(9) インフォーマル企業の全国調査をもとに、四〇八の家族事業、すなわち資本金が一〇〇〇ドル以下でひと月の売上高が平均一〇〇ドルの商店および小工場が選ばれた。最初の調査を実施した後、研究者は経営者たちへの謝礼として、事業活動への補助金が当たるくじ引きを実施することにした。一〇〇ドルを受け取る者と二〇〇ドルを受け取る者がいて、当たりが出なかった残りの経営者たちが対照群を構成した。補助金を渡した後で数回の調査を実施することで、補助金の利用状況と、その売上高と収益に対する影響を観察できる。この研究を通じて、私たちは、これらの小規模自営業の平均資本収益率に関する情報を得ることができた。

収益率は、非常に高いことが明らかになった。月平均の事業利益は、対照群が三八五〇ルピー（およそ三八ドル）であるのに対して、現金一〇〇ドルの補助金を受けた事業の場合は五二七一ルピー（およそ五三ドル）であった。これは資本収益率としてはたいへん高く、ひと月あたり四・六から五・三パーセント、つまり年率で五五から六三パーセントに達する（すでに述べたように都市部のインフォーマル市場の月利は三から四パーセントであるが、これよりも高い）。他方では、二〇〇ドルの補助金を受け取った事業の収益率が、一〇〇ドルを受け取った事業よりも高いわけではない。それは、二つのグループにおいて、実際に活動に投資された金額は似たようなものだったことから説明できる。つまり、二〇〇ドルを受け取った事業主は、この金額の半分を、事業ではなく世帯の生活費に充当したのである。したがって、この調査結果は、与えられた経済活動の規模のもとで、投資の資本収益率が急速に減少することを示している。つまり、これらの小規模自営業の資金吸収能力は無限ではないということだ。

これらの研究によって、貧しい人々の多くが、比較的高い金利のもとでも、資金を借りて返済する能力を有していることが示された。銀行が収益を上げようとすれば、あまりに低い金利でお金を貸すわけにはいかないが、金利の高さが理由となって貧しい人々が信用市場から排除されているわけではない。南アフリカで実施された評価は、すでに金利が非常に高い状況だったとしても、それだけで顧客が借入を控えたりはしないことを、ある程度まで明らかにしている。[10] 八から一二パーセントの月利を適用している消費者金融機関（かつてのマイクロクレジット機関）が、調査の時点では貸付をしていなかったかつての顧客に新たな貸付をオファーした。それは、通常の金利のかわりにランダムに選んだ金利を提案するものであり、それらは顧客が一般に同意できる金利に比較的近い水準に設定されていた。顧客の意欲をそがないように、事例の九七パーセントについては、通常よりも低い金利が設定された。提案された返済期間もまた、それぞれランダムに設定された。

平均してみると、この新たなオファーに応じた者は少なかった（かつての顧客の九パーセント）。金利が低くなると（予想通りに）借り入れの確率は上昇するのだが、それほど急激に上がるわけではない。月利が一パーセント下がっても、顧客は〇・三パーセントしか増加しない。したがって、銀行が月利を八から五パーセントに下げたとしても、借り入れを決断する顧客は一パーセントしか増えないことになる。金利が極端に高い場合を除いて、高金利による借り入れの抑制効果はあまり強くない。資金需要が大きく下がるのは、通常よりも金利が三パーセント高くなってからである。この銀行の場合は、需要を減らさずに収入を最大化できるような水準に通常金利を設定していたように思われる。

このような結果が出たのは、かつての顧客の多くが書類の中身をきちんと見ていなかったからかもしれない。そのときに融資が必要でなかったら、書類はただちに処分されてしまうことだろう。貸付金の契約を結びたければ、銀行の担当者と面談して金利の問題に決着をつければよいだけの話だ。ところが、貸付にあたって提案された返済期間に関しては、かれらはより敏感であることがわかった。したがって、顧客はオファーの書類を読んで内容を理解していたけれども、金利については、選択の主要な理由にはなっていなかったことになる。こうした結果は、「コンパルタモス」のようなマイクロクレジット機関の主張の正しさを示しているようにも思われる。これらの機関は、顧客の意欲をそがずに高い金利を支払ってもらうことは可能であり、財務的な持続可能性の観点からは、それをためらってはならないと考えている。これらの機関によれば、お金を借りるように強制される者など誰もいないのだから、市場から特定の種類の人々を完全に排除するくらいなら、金利が高くてもお金を借りられる可能性を与えたほうがよいということになる。

こうした議論は借り手が金利の意味を理解していることを前提としているが、実はそうだとは限らない。一方では、マイクロファイナンス機関の透明性が常に高いわけではないということがある。たとえばインドの表示金利は、借りた資金全体の金利を、返済の全期間にわたって支払うものとして計算されている。たとえば、顧客が一〇四ドルを借りて、五二週かけて返済するとする。この場合は週ごとに、借り入れた資金のうち二ドルを返済し、金利の四〇セントを支払うことになる。その表示金利は二〇パーセントだとされるが、顧客は借り入れた資金をただちに返済し始めているのだから、すでに返済したお金に対する利息を払い続けていることになる。まだ返済していない残りの金額に適用される実効金利（たとえば不動産ローンの際に銀行が私たちに提示する金利がそれである）は、実際には表示金利の倍に相当する。このやり方には透明性が欠けており、マイクロファイナンス規制の担当機関であるインド中央銀行を苛立たせている。マイクロファイナンス機関は、毎週同じ金額を返済するほうが顧客にとって簡単だと答えることで、このやり方を正当化している。確かにそうではあるが、実効金利を示しながら、毎月の支払いがどうなっているかを説明することはできるはずである。

他方では、しばしば顧客にとって、金利という考え方それ自体を理解するのが難しいということがある。調査に応じた顧客たちは、金利を明確に記載した書類が手元にない限り、いくらの金利でお金を借りたのか容易に答えることができなかった。この問題を見ると、顧客は融資のオファーには注意を払うけれども、金利ではなく、むしろ他の細かいところに注目している可能性がある。このことを調べるために、研究者たちは南アフリカの消費者金融銀行と協力して、銀行が送付するオファーの書類（金利や満期の設定をいろいろと変えてある書類）に営業的な微妙な変更を付け加えてみた。新たな書類では、写真を入れたり入れなかったり、時には抽選で携帯電話が当たるようにしたりした。融資条件の説明は、簡単なものであったり、様々なオプションについて詳しく説明した、より完全なものであったりした。そうすることで、お金を借りる決断が、金利によって、そしてまったく表面的な商品紹介の変更によって、どのような影響を受けるかを比較しようとしたのだ。

その結果はきわめて驚くべきもの――そしてやや憂慮すべきもの――であった。毒にも薬にもならない個々の変更が組み合わさって、需要に大きな影響を及ぼしたのである。影響が大きいものもあれば、小さいものもあった。たとえば若い女性の写真を入れると、申込みは〇・六パーセント増加した。金利が一パーセント下がると申込みは〇・三パーセント上昇したから、その効果の二倍に相当する。ついでに言えば、この結果は男性のみにかかわるものであり、男性の写真を入れても、女性の顧客には何の影響もなかった。貸付金の利用法の例示については、借り手はそれを制約と感じて意欲をそがれたようである。具体的な事例を記載すると、需要は〇・六パーセント低下した（それは月利の二パーセントの上昇に相当する）。最後に、いくつものオプションを提案する複雑なオファーと比べると、金額と期間を一種類だけ説明する最大限簡潔なオファーでは、申込みが〇・七パーセント上昇した。

というわけで、証明される以前には取るに足らないと思われた宣伝操作が、金利そのものよりも効果的だということがわかった。これは、私たちが融資の需要の決定要因をよく理解できていないことを示している。というのも、私たちの典型的なモデルに含まれているのは返済期間と金利だけであり、このモデルは、決定的に重要であることが明らかになった他の様々な変数を考慮に入れていないからである。最も貧しい人々は高い金利を払ってでもお金を借りるつもりがあるようだが、だからといって、それを払わせることが許されるわけではない。というのも、かれらは必ずしも、事情をよく心得たうえで借り入れに同意しているわけではないからである。すべては融資の有用性に依存することになるが、この問題についてはまた後で立ち返ってみることにしよう。

高い金利は信用の質を悪化させるか

理由が何であるにせよ、高い金利を支払うことで大勢の顧客の意欲がそがれているというわけではない。

しかし、これらの金利が債務不履行を助長し（モラルハザード）、返済する気がまったくない顧客を引き寄せる（逆選択）可能性はある。実際のところ、どうなっているのだろうか。金利が高いと債務不履行が起こりやすいことが確認できるとして、それはモラルハザードのせいだろうか。それとも、逆選択のせいだろうか。これらの問いは、銀行にとっても（これらにどう答えるかによって銀行の戦略が左右されるかもしれない）、私たちの信用市場の理解にとっても、本質的に重要である。

モラルハザードと逆選択を区別することは難しい。なぜなら、定義上、どちらも観察できるものではないからである（返済しないリスクがあるのが誰なのかわかっていたら、銀行はそういう人々を追い払っているだろう）。これも南アフリカの話であるが、同じチームによるたいへん斬新な研究が、これらの隠された変数をあぶり出すことに成功した。[11] 実験は、ここでもまた、ランダムに選ばれた様々な金利を提案する書類を郵送する形で実施された。研究者たちはまず、より高い金利で借りている客は、他の客よりもやや返済が滞っていることを確認したが、その差はあまり大きくはなかった。返済期限の時点での未返済率は、より高い金利で借りた客は一〇・五パーセント、より低い金利で借りた客は八・七パーセントだった。この差は、逆選択のせいかもしれないが（高い金利で借りることに同意した者のなかに、最初から借金を返すつもりがない者がいた）、金利そのものの影響があるかもしれない。後者であれば、モラルハザードのせいかもしれないし（高い金利は返済しない誘惑を強める）、融資の負担のせいかもしれない（返済が重荷になると、生活が苦しい世帯には耐えられなくなる）。ここで私たちは、いつもの識別問題に直面する。私たちは因果効果（金利の影響）と選択効果（借り入れるという行為が選択である以上、高い金利で借りる人々と低い金利で借りる人々を比較することはできない）を区別しようとしているのであり、ただ一つの因果効果ではなく、両方の効果を特定することを望んでいるのである。

研究者が到達した巧妙な解決策は、再び偶然を介入させることだった。お金を借りることにした顧客が代理店を訪れたとき、低い金利のオファーを受けた顧客にはその通りの金利が適用される。しかし、最初に高い金利のオファーを受けた顧客の一部には思いがけないよい知らせが待っている。銀行スタッフが顧客に対して、コンピューター・システムによれば低い金利を適用できるようです、と告げるのである。もちろん、これらの当選者たちは、銀行スタッフのパソコンに入っているソフトを使ってランダムに選ばれている。

というわけで、最終的に同じ低い金利で資金を借りる顧客のなかに、最初にオファーされた金利の違い（片方は高い金利で、もう片方は低い金利でお金を借りることに合意していた）に応じて、二つのグループが成立することになる。この場合、金利の高さが行動に与える事後的な影響（モラルハザードおよび返済の重荷）が消滅する。これらの二つの顧客グループの返済率を比較すれば、逆選択の効果だけに関する情報を得ることができるだろう。同じように、最初に同一の高い金利のオファーを受けて、その金利で借りることに同意した顧客たちも、二つのグループに分かれる。そのうち片方のグループは、最終的により低い金利で借りることになる。こちらでは逆選択の効果のほうが除去され、金利の事後的な影響だけを切り離して考察することができる。さて、この実験の結果、逆選択も金利の事後的な影響も存在しないことがわかった。低い金利のオファーを受け取った顧客と、最初は高い金利で借りることに同意した後で低い金利で借りることになった顧客では、返済率はほぼ同一だった（逆選択は存在しなかった）。後者のグループと、最初に提示された高い金利のままでお金を借りたグループも、返済率はたいへん近かった（金利の返済に対する金利の事後的な影響は存在しなかった）。

インフォーマルな信用市場の枠組みにおいては、逆選択もモラルハザードも問題にならない、というふうに納得してもいいのだろうか。そんなことはない。そもそも銀行は金利を上げすぎないことを望むから、「高い」金利というのは、実際には通常の金利である。銀行は、この金利水準での返済履歴を使って、返済しない可能性がある顧客を排除している可能性がある。言い換えれば、逆選択がすでに選択された母集団の内部で作用するとしたら、その影響はおそらく小さくなるであろう。このことを確認するには、新しい顧客を対象として同じ実験を実施しなければならない。さらに、金利が月利で一パーセントだけ高かったとしても、返済の負担がそれほど重くなるわけではないということがある。とりわけ顧客に返済する能力があり（債務の不履行率の高さは、顧客を返済できない状況に追い込んだ思いがけない挫折によって説明できるかもしれない）、かれらがより大きなトラブルを避けたいと思っている場合には、金利の高さが、融資を返済しないことの十分な理由にはならない可能性がある。何よりも、返済が行われなかったら借り手と銀行の関係は台無しになり、再び融資を受けられる可能性が失われてしまうからである。

この効果を取り出して考察するために、研究者たちは追加的な変更を導入した。低い金利（顧客が日常的に借り入れる際の金利よりも低い）のオファーを受けた顧客の一部が、期限内に最初の融資を完全に返済した場合は、次回にも同じ金利の適用を受けられることにしたのである。完済できなかった顧客は、次回は、この有利な借り入れに対するアクセスを失ってしまう。これは大きな損害となる。なぜなら、その銀行のライバル銀行も、この種の顧客にはそのような低金利での貸し出しはしなくなるからである。マイクロファイナンスはこの種の契約を大いに活用している（これは「動学的インセンティブ」とも呼ばれる）。しかるに、低い金利を適用し続けることを顧客に約束すると、それは未返済に対して大きな効果を及ぼした。未来の貸付金にも同じ金利が適用される顧客のグループでは、未返済が六分の一減少したのである（全体の二パーセントに相当する）。したがって、モラルハザードは信用市場において現実に存在する問題であり、動学的インセンティブはそれに立ち向かうための力強い道具だということがわかる。もっとも、金利が高ければ信用市場が崩壊するかというと、そういうことはなさそうである。

マイクロファイナンスの成功の秘訣

マイクロファイナンスは、比較的高いけれども高利貸しよりは低い金利で、最も貧しい人々にお金を貸すことに成功している。マイクロファイナンスは魅力的な制度的イノベーションの一例である。それは古くからの問題、すなわち、信用市場における情報の非対称性の問題に新しい解決策を発見したおかげで、新たな市場を開拓することができた。

マイクロクレジットの標準的なモデルは、ムハマド・ユヌスが設立したグラミン銀行という初めての事例からインスピレーションを受けたものであり、そこには、原則的にはすべてが成功の説明になりうるようないくつもの変数が含まれている。[12] まず、貸付の対象は通常は女性だけである。そして顧客は、一年にわたって週ごとに、元本の一部を返済し金利を支払わなければならない。貸付金は、連帯責任（一人が返済しなかったら他のメンバーが返済しなければならない）によって結ばれた、五人から一〇人の女性たちのグループに与えられる。これらのグループは毎週の返済日に集まるが、いくつかの機関においては、これらの集会はグループの連帯を強め、社会秩序にかかわる（グラミン銀行の「一六の決意」[13] のような）メッセージを広げ、職業訓練を広げる機会でもある。認められる貸付金は最初は非常に少額であるが、時間が経つにつれて増えていく。顧客には大勢の職員たちが細かく目配りしている。職員の給与は低いけれども、かれらは新規の顧客の数と返済率に応じた歩合給を受け取っている。最後に、金利は一般に高く、年利で少なくとも二〇パーセント、最高で一〇〇パーセントである。

世界各地でグラミン銀行を模倣して発足した機関は、奇妙なことに、ムハマド・ユヌスの本質的な美徳、その創造性とイノベーション感覚をお手本とすることが必ずしもできていない。最近でも、グラミン銀行の成功の鍵は何だったのかを問うことなく、あらゆる場所でまったく同じモデルがコピーされている。しかし、近年実施されたいくつもの研究のおかげで、私たちは、個々の変数が果たす役割をよりよく理解できるようになってきた。

女性にお金を貸す

マイクロファイナンス機関がとりわけ女性に対してお金を貸し出す理由は三つある。まず、女性は生まれつき男性よりも信頼できて（または社会の圧力に対してより敏感であり）、したがってお金を返そうとする傾向が強いかもしれない。次に、女性に貸し付けることで家庭内における彼女たちの地位と交渉力が改善されるかもしれない。女性は男性よりも自分の子どもの教育と健康に対してより大きな関心をもっていると考えられるので、マイクロクレジットは、単に儲かるというだけの活動をはるかに超えて、顧客の暮らしの本物の変革を実現できるかもしれないのだ。最後に、男性は銀行やインフォーマルな金貸しからより容易にお金を借りることができるが、女性の活動に資金を提供する融資へのアクセスはマイクロクレジットの他には存在しない。ということであれば、女性にお金を貸したほうが利益がある（かつより安全である）かもしれない。なぜなら、彼女たちは、これまで資金が提供されなかったけれども潜在的には非常に高い収益をもたらすような活動を発展させていくことができるからである。

ここでは女性は信頼できるということが前提になっているが、残念ながら、私たちはまだ信用できる評価（男性と女性にランダムに融資を提供したもの）を利用することができない。女性の地位を改善する可能性については、後でマイクロクレジットの効果を研究する際に立ち戻ることにしよう。彼女たちの活動の収益性にかかわる三つ目の点については、すでに言及したスリランカの実験によって、男性あるいは女性が経営する事業の生産性を比較することができる。[14] 男性については、一〇〇または二〇〇ドルを支給すると、事業の利益は四七ドルから六〇ドル以上にもなる。ところが、驚くべきことに、女性に投資のための資金を与えても効果がなかった。毎月の利益は、何も受け取らなかった女性の場合は二八ドル、一〇〇ドルを受け取った女性の場合も二八ドル、そして二〇〇ドルが提供された場合には二六ドルにすぎなかった。

実験はたった一つの母集団に関するものだったけれども（より明確な結論を下そうとすれば、多くのコンテクストのもとで実験を繰り返さなければならない）、この結果はいろいろと考えさせるものだ。どのように説明したらいいのだろうか。いくつかの場合、出資金は事業には投資されずに、家庭用品を購入するのに使われた。しかし、出資金が利益に影響を与えなかったのは、その金額が投資された場合でも同じだった。女性たちは一般にあまり利益が上がらない分野で働いているので、そのことが部分的な説明にはなるだろう。しかし、それを考慮した場合でも女性と男性の差は残る。女性の事業の資本生産性が低いという謎は、まったく解決されないのだ。

この結果は意外ではあるが、けっして孤立したものではない。農業のコンテクストでガーナおよびブルキナファソにおいて行われた研究が示すところでは、他の条件がすべて同じであっても、女性の畑は男性の畑よりも投入される投資が少なく、生産高も少ないという。[15] 同じ世帯の内部において生産高が非常に異なる活動が共存しているという事実は、世帯は、経済学で伝統的に描かれているような、集合的福祉を最大化させる調和のとれたユニットとしては機能していないことを示唆している。そのように機能しているとしたら、世帯は最も収益が上がる活動だけを維持して、その成果を世帯員の間で分配することだろう。たとえば、女性に与えられた二〇〇ドルは夫の活動に投資されることになっていたはずである。そのようなことが観察されないのは、おそらく、世帯のそれぞれの構成員が支出を監督する権利を保とうとしており、そのためには、自分が世帯に持ち込む資金を管理し続ける必要があるからである。

こうした結果が示しているのは、家族事業とりわけ女性の家族事業の目標は、必ずしも生産性を最大化することではない、ということかもしれない。それらの事業は他の目的を追求しているのかもしれないのだ。小規模な活動を担当している女性たちは、これから成功しそうな事業を始めようとしているわけではない、と語ることがよくある。それはむしろ、子どもの面倒を見ながら家庭の収入を補完する手段だとされるのである。

毎週の返済

マイクロクレジットでは、融資が行われた時点以降の返済スケジュールは、ほとんど常に週ごとの返済になっている。マイクロファイナンス機関は、毎月あるいは六カ月ごとに大きな金額を集めるよりも、毎週小さな金額を集めるほうが容易であると判断しており、返済の規律を保証するのにも週ごとのペースが必須だと考えている。しかしそれは、顧客にとってよいことばかりではない。たとえば、牛を飼うためにお金を借りた女性の顧客は、その牛の乳が出るまでは何の収入も得られないから、返済する手段を他のところで見つけなければならない。毎週の返済のせいで自分はやる気を失ったと思っている顧客もいる。週ごとの返済システムが必要不可欠でないとしたら、より柔軟な返済ペースを提案してみる価値があるかもしれない。

返済スケジュールを毎週から毎月に変更すると返済率にどのようなインパクトがあるかを知るために、コルカタの村落福祉協会（VWS）は、新たに結成された一〇〇のマイクロクレジット・グループを対象に抽選を実施した。[16] グループの三分の一は週ごとの返済のままであるが、三分の一は月ごとの返済になり、残りの三分の一については、月ごとの返済になるだけでなく、週ごとの集会に参加する義務がなくなった。すべてのグループが、債務の第一サイクル(一年目)では九七パーセントを超える高い返済率を維持した。月ごとの返済に切り替えた場合でも、返済の規則性に影響を与えることはなかったことになる。さらに、月ごとの返済によって女性の顧客は自分たちの活動により多く投資するようになり、その活動がより急速に発展したことが確認された。したがって週ごとの返済は、少なくとも短期的には、返済を確実にするのに不可欠なものではなく、むしろコストのほうが大きいことになる(より長期的に起こりうるインパクトについては、この後で考察する)。

連帯責任による貸付

連帯責任による貸付は、マイクロクレジットの特徴のなかでも、そのとりわけ斬新な性格によって最も大きな話題になったものである。一人ひとりの女性は、自分のグループに属する他の女性たちの借金に対しても責任を負う。グループは毎週、決められた返済金を全額支払わなければならない。一人の女性が支払うことができなかったら、他の女性たちがその分を支払わなければならない。

この制度は、原則として、二つの理由で融資に有利に働くと考えられている。一方では、顧客はグループへの新規加入者として最良の人物を選抜するために、潜在的なパートナーについて自分が保持している情報を活用する(銀行がそのような情報をもっているとは限らない)。自分は返済できると確信している顧客は、あまり返済しそうにない顧客とは組みたがらないだろう。したがって信頼できる顧客どうしが集まることになる。さらに、自らがリスクを抱えている顧客は、同じようなリスクを抱えている人々のグループに参加しようとはしないだろう。なぜなら、自分のパートナーの尻ぬぐいまでさせられることは望まないからである。こうやって銀行は、連帯責任のおかげで最もリスクが高い顧客を回避することができるので、より低い金利をオファーすることができる。[17] 他方では、グループのメンバーたちは同じ村に属しており、すでに顔見知りである。互いに近い関係にあるので、互いに監視することができる。さらに、この監視にはお金がかからないから管理コストが下がり、したがって金利も下がる。

しかし、連帯責任による貸付にも難点がないわけではない。たとえば、グループの他のメンバーからの圧力が強すぎるせいで顧客はリスクを伴う行動をためらうようになり、マイクロクレジットの資金提供を受けた活動の成長が押しとどめられるかもしれない。あるいは、グループのメンバーの活動が異なる方向を目指すようになっていくと、自分は他のメンバーよりも多く借りたいと考える者が出てくるかもしれないが、少ししか借りていない者がより大きい借入金を保証する責任をとることを望まないとすれば、そのような借り入れは不可能になる。そこでマイクロファイナンス機関は、事実上、連帯責任の原理を黙って放棄することになる。これは特にグラミン銀行それ自体に当てはまるケースであり、「グラミン2」のモデルは、もはやフォーマルな連帯責任の原理に基づいてはいない。女性たちは相変わらずグループに加入していて、相変わらず返済のために毎週集まるけれども、相互的な責任は法的にはすでに存在していない。メンバーの一人が返済していなくても、他のメンバーは借り続けることができるわけである。

連帯責任による貸付は、マイクロクレジットの礎石だったのだろうか。そうではなさそうである。フィリピンのカラガの「グリーン・バンク」と共同で実施された二つの研究は、連帯責任が相互監視に与える影響を、顧客の選抜から切り離して考察しようと試みるものだった。[18] 一つ目の実験では、もともと連帯責任の体制のもとにあった五六のセンターが、個人責任のシステムに移行することになった。顧客の女性たちは毎週集まり続けていたが、「グラミン2」のモデルと同じように、相互的な返済責任はなくなった。こうして、顧客が互いを監視しなくなったことで返済が減るかどうか確認することができた。その答えは、返済は滞らない、つまり返済率は同じということだった。なお、質問を受けた顧客は、二つの体制の違いをきちんと理解していた。二つ目の研究では地域がランダムに選択され、そこでは最初から（「グラミン2」のモデルに基づく）個人責任のセンターが設置された。ここでも、返済率は古典的なモデルと同じだった。

連帯責任はマイクロクレジットに関する議論に必ず登場するが、驚くべきことに、それが最も本質的な要素ではないことがわかってきた。しかし、この連帯責任と、「グラミン2」のモデルにも常に含まれているグループ単位の貸付とを混同してはならない。女性グループが定期的に集まること、それ自体に効果があるのかもしれないからだ。

グループでお金を借りる

集まりの際に、女性たちに対して会計の研修や保健医療プログラムなどの追加のサービスを提供するマイクロファイナンス機関がある。「飢えからの自由」という組織は、マイクロファイナンス機関と共同で実施する小規模な研修モジュールを開発した。しかし、私たちの手元にある評価によれば、これらのプログラムが小規模自営業に大きな影響を与えることはなかったようである。ペルーにおける「飢えからの自由」の運営モジュールの評価では、事業の収益や実績に対する影響をほとんど見出すことができなかった。インドにおける同じようなモジュールに関する別の研究でも、インパクトを確認することはできなかった。(19)

しかし、このような研修の中身よりも、定期的に集まることそれ自体が、女性たちに深い絆を結ぶ機会を与えることを通じて、彼女たちに恩恵を与えている可能性がある。グループに法律上の連帯責任がなくても、彼女たちは互いのことをよく知るようになり、相互扶助グループとして自発的に機能するようになるわけである。こうして顧客たちは、たとえそうする義務がなくても、他の顧客の返済を助けるようになる。なぜなら、もし必要になれば、自分も同じことをしてもらえることがわかっているからだ。こうした絆が十分に強ければ、フォーマルな連帯責任はもはや必要ではなくなるだろう。アメリカの社会学者ロバート・パットナムによれば、これらの定期的な集まりは「ソーシャル・キャピタル」を、すなわち互いに有益な協力関係をもたらすような人々の相互作用ネットワークを創出するのに貢献する。[20] したがって、二つのことを問わなければならない。まず、より大きいソーシャル・キャピタルは、本当によりよいパフォーマンスを保証するのだろうか。そして、定期的な集まりは、本当にソーシャル・キャピタルを育成していく土壌になっているのだろうか。

ペルーのアヤクーチョにおけるマイクロファイナンス機関FINCAの調査は、一つ目の質問に対する答えの手がかりを与えてくれる。[21] FINCAペルーは、他の機関とは違って、組織に加入する前にグループをつくるよう借り手に求めることはない。FINCAの側が、顧客の先着順にグループを編成するのである。したがって、グループの編成はほぼランダムに行われる。グループの会員が住んでいるところは互いに遠かったり近かったりで、文化的な面でも必ずしも互いに似ていない（より「伝統的なインディオ」に近い人もいれば、より「現代的」な人もいる）。ところが、失敗率（未返済、退会など）は、メンバーが互いに離れて住んでいるグループ、あるいはエスニックな構成があまり均質でないグループの場合に、より高いことがわかった。返済が難しくなるような困難に直面した場合、その女性がグループから離れてしまう確率は、そのグループが均質である場合にはより低い。フォーマルかつ法的な連帯責任がマイクロクレジットの成功に大きな役割を果たしたわけではなさそうだが、こうした事例を考えると、同じグループの会員の間のインフォーマルな絆は特別に重要な役割を果たしていると考えられる。

マイクロクレジットが現存する社会関係を活用できるのであれば、逆に、マイクロクレジットは社会関係を強化するのに貢献すると考えることもできる。毎週の集会の役割も、この観点から考察することができる。集会を、定期的な返済を助ける手段としてだけではなく、皆が集まり、お互いによく知り合うことを義務づけるものとして考察するのである。コルカタのVWSが実施した実験は、そのことをよく示すものだった。いくつかのグループは週ごとに集まり、別のグループは月ごとに集まった。このように区分しても、返済率に対する直接の効果が見られないことはすでに指摘した。しかし、ソーシャル・キャピタルに対するインパクトは非常に強いものであった。たとえば、月ごとに集まるグループのメンバーは、互いの家を訪問することはまれであり、他のメンバーの家族が誰なのかも知らなかった。週ごとに集まるグループのメンバーは、互いの家をより多く訪問しており、顧客が他の顧客の家族のメンバーの名前を知っている確率もより高かった。

同じグループのメンバーの間に存在する連帯の絆の強さを計測するために、研究者たちは独創的な実験を考案した。すべての顧客に賞金が当たる抽選券を一枚ずつ配布するとともに、それとは別に、自分のグループ内の他のメンバーに与えることができる抽選券を追加配布したのである。顧客が他の女性に追加の券を与えなかった場合、それらの券が抽選に投入されることはない。券を与えた場合、(別のグループのメンバーではなく)自分のグループのメンバーが当選する確率が高くなる反面で、自分自身が当選する確率は低くなるだろう。他のメンバーを信頼しており、当選者は賞金を皆で分けることに同意するだろうと考えている女性は、券を与えたほうが得だと考える。しかし、他のメンバーをあまり信用していない女性は、自分の利益のために券をしまい込んでおくだろう。しかるに、月ごとに集まる女性たちは、週ごとの場合と比べて、追加の券をあまり配っていないことがわかった。これは出発点の仮説を裏付けるものである。顧客に毎週集まってもらうことで、マイクロファイナンス機関はソーシャル・キャピタルを創出するのである。

その一年後、最終的な結論が出た。第一段階において、私たちは、月ごとに集まるグループの未返済率が週ごとに集まるグループよりも高いわけではない以上は、返済の規律としては週ごとのリズムが不可欠だというわけではない、という結論に達していた。ところが、一年後の第二段階のサイクルでは、違いが現れてきた。週ごとに集まるグループの返済率のほうが高かったのである。いちばん納得できる説明は、確かに、集まる度に築かれていったソーシャル・キャピタルのおかげだというものだろう。したがって、返済の間隔を月ごとにしたとしても、週ごとの集まりは残すように提案してもいいかもしれない。結局のところ、返済と集会を同時に行う必然性はないからである。ところが、VWSがそれを試してみると、顧客たちは、何の目的もないのにわざわざ集まる必要があるのか、と反発したものであった。

マイクロファイナンスと取引費用

マイクロファイナンス機関は、これまで普通の銀行が失敗してきた領域において、貧しい人々にお金を貸して返済させることに成功してきた。この成功を説明する変数は何だろうか。ここまで述べてきたことを考慮すると、最も注目を浴びてきたマイクロクレジット制度の特徴（女性に対する貸付、および連帯貸付）は、成功を説明するものではないと結論づけることができる。実際、マイクロクレジットは、どちらかといえば伝統的な原理で動いているように思われる。まず、法律的に可能な場合、マイクロクレジット機関は顧客に対して貯蓄を強いる（貯めた資金を抵当に入れることで、顧客はより大きな借り入れを要求できるようになり、そうやって金利の負担も低減することができる）。さらにマイクロファイナンス機関は動学的インセンティブの原理を利用しているが、それは、すでに述べたように非常に効果的であることが明らかになっている。最初の貸出金額は低く設定されるが、返済が規則的に行われると、貸付限度額が高くなっていくのである。さらに、これらの機関のスタッフは人数が多く、顧客に確実に返済させようとする強い動機をもっている（かれらの給与は顧客の返済に依存している）。商品はシンプルなので（週ごとの返済、決まった場所でのグループによる返済）、マイクロファイナンス機関は高級な資格をもたないスタッフを雇い入れて、かれらにたくさんの書類を処理させることができる。そうすることで取引費用を下げることができるし、乗数効果のおかげで、まだ高いとはいっても通常の金利と比べると非常に低い金利を適用することができる。

こうした光景は、マイクロファイナンスの未来をやや不安にさせる。成功が裏目に出るかもしれないのだ。というのも、マイクロファイナンス機関が競争を繰り広げれば、顧客はクレジットに対するアクセスを失うことを、あまり恐れなくなると考えられる。返済しなかった顧客も、他のマイクロファイナンス機関に貸出を申し込むことができるようになるだろう。これまで主張されてきた解決策――種々のマイクロファイナンス機関がアクセスできる情報集中システム（ないし信用センター）を設置すること――は、よいアイデアのように見えて、実はそうではない。今日、マイクロファイナンス機関は、顧客を選択して育成する努力を重ねている。しかし、得られた情報が競争相手に利用されるとしたら、これらの機関はそのような努力を続ける意欲を失ってしまう恐れがある。他方で、貸付限度額が頭打ちになると、動学的インセンティブの効力が衰えてしまう。顧客たちは、ある日突然、将来の貸付金を当てにするよりも、現在の貸付金を返済しないほうが有利であると判断するようになるかもしれない。したがって、マイクロファイナンスは危機とは無縁のシステムだとは考えないことが重要である。なぜなら、マイクロファイナンスも他のすべての金融システムが抱えるのと同じリスクを抱えているからだ。マイクロファイナンスが成長した後もさらに存続していくためには、規則と実践を進化させることが不可欠になるだろう。

マイクロクレジットのインパクト

私たちは根本的な問題にたどり着いた。マイクロクレジットは本当に貧しい人々の助けになっているのだろうか。この章の冒頭では、マイクロクレジットへの期待は単なる金融サービスへの期待をはるかに超えて、その並外れた発展に見合った大きさに成長しているけれども、マイクロクレジットに対する失望も同じくらいに強まっている、ということを指摘した。この発明品は三〇年以上も前から発展し始めて、これほど広範な人々と関わりをもつようになったにもかかわらず、興味深いことに、その効果を厳密および客観的に評価しようとする調査は、つい最近まで存在しなかった（ただし、これまで検討してきたように、マイクロファイナンスの機能については豊富な研究がある）。

このような調査の不在は、マイクロファイナンス機関がスポンサーの態度に大いに助長されて、この問題について考えることを長期にわたって拒んできたという事実によって説明される。マイクロファイナンス機関の側の論理は、次のようなものであった。機関の収益性が高い限り、自分たちは顧客に対してのみ説明義務を負うにすぎない。顧客が何度もやってくるということは、自分たちが提供しているサービスが役に立っていることを意味するだろう。自動車の販売業者に対して、顧客の暮らしに対する車のインパクトを評価するよう要求する者はいないではないか。したがって、マイクロファイナンス機関は、サービスの内容と影響ではなく、自分たちの金融的な収益性を示すことに集中したのだ、というわけである。しかし、こうした理由づけには二つの誤りがある。

一つ目の誤りは、すべてのマイクロファイナンス機関に収益性があると見なす、それどころか、たいへん高い収益性があると見なすところにある。実はそんなことはなく、マイクロファイナンス機関の多くは補助金に依存している。さらに、決算が黒字になっている機関であっても、しばしば間接的な補助金を受けている。すなわち、マイクロファイナンス機関のマネージャーの給与は市場の給与よりもはるかに低いし、これらの機関はしばしば発足時に援助を受けているのだ。さらに、国際機関（たとえば世銀のマイクロクレジット担当部門、あるいは貧困層支援協議グループ〔CGAP〕など）や、マイクロフィナンス機関の社会的役割に注目した投機的資本の投資家（ベンチャー資本家）から、特恵的な利率で資金提供を受けていることもある。

収益性を強調しすぎると、望ましくない影響がもたらされることもある。収益が上がらないマイクロファイナンス機関は、しばしば最貧層の人々向けに貸付をしている機関なのであるから、その低額貸付の金利には補助金が投入されるべきである。金融的な収益性が社会的な付加価値を示す絶対的な基準になるべきだという理由は何もない。マイクロクレジットが貧しい人々を助ける非常に有効なやり方なのであれば、それに援助を与えてもいいではないか。結局のところ、学校、病院、食糧援助なども、補助金を受けて成り立っているのである。国際社会は、収益性が最も重要な価値だと強調することによって、倒錯した事態に責任を負っている。マイクロファイナンス機関は、自らの社会的な有用性を証明するよりも、自らの収益性を立証する（そのために、ときには計算方法や出納簿の数字を変えたりする）ことに、より多くの力を注いでいるのである。

二つ目の誤りは、顧客がお金を借りることを選んだからには、融資するのは必然的によいことである、という仮定に基づくものである。しかし、貧しい国でも豊かな国でも、情報の不足、合理性の限界、社会的な圧力といったことが要因となって、債務の累積が引き起こされかねない。マイクロクレジットが否定的なインパクトをもたらし、是が非でも返済せよと迫られて絶望に追いやられている人たちがいるかもしれない。マイクロファイナンス機関に向かってそのような異議が唱えられても、かれらは反論できなかった。インドでマイクロファイナンスが最も発展しているアーンドラ・プラデーシュ州の政府は、これらの機関に好意的な態度をとらず、累積債務による農民の自殺の事例を使ってマイクロクレジットの危険性を示した。同州の政府は、全面的に間違っていたのだろうか。実際のところ、マイクロクレジットは顧客に有害であると主張することは理論的には可能なのであるから、この問題に対して経験に基づく真の答えを与えることが緊急に求められている。

おそらくはマスメディアからの圧力もあって、評価活動に対するマイクロクレジットの抵抗は弱まってきている。それと同時に、マイクロクレジットの効果とされるものに関するある種の純粋主義も弱まってきている。現在、典型的なマイクロファイナンス商品のインパクトに関するいくつかの研究が進行中であるが（モロッコの「アルアマナ」やメキシコの「コンパルタモス」によって実施されている）、今日までに終了したのはインドの「スパンダナ」だけである。[22]一九九七年にパドマージャ・レディにおいて設立された「スパンダナ」は、インドの非常に大規模なマイクロファイナンス機関の一つであり、主としてインドの南部とりわけアーンドラ・プラデーシュ州で活動している。「スパンダナ」には今日では二〇〇万人の顧客がおり、取引高は二億九七〇〇万ドルに達している。ここで評価される主要な商品は、グループを対象とする「グラミン」型のマイクロクレジットであり、連帯責任、段階的貸付（最初の貸付は一万ルピー、すなわち二〇〇ドル強である）、および週ごとの返済によって特徴づけられる。評価の期間に優勢だった実質金利は二〇パーセントであった。何らかの活動を開始する能力がある一八歳から五九歳までの女性に対してのみ、貸付が認められている。

評価の際、「スパンダナ」は州都ハイデラバードで活動を始めようとしていた。まず最初に、チームは評価対象になりうるフィールドとして一〇四カ所の小さな地区を特定した。それぞれの地区で（平均して）二〇〇世帯を対象とする初期調査が実施され、そうやって、ハイデラバードにおける「スパンダナ」の潜在的な顧客の「典型的」なプロフィールを確立することができた。典型的な顧客の女性は、貧困な家庭で暮らしているけれども、非常に貧しいというほどではない。これらの家族の六パーセントが一日一人あたり一ドル以下、四七パーセントが二ドル以下で暮らしている。世帯の三分の一近くの者が小売業または手工業を自営しているが、それらはしばしば非常に小規模で（一人か二人の従業員を雇用している事業は一〇パーセントにすぎず、三人以上の従業員を雇用している事業は一つもなかった）、あまり専門的ではなく、資本は非常に少ない（事業の二〇パーセントは資産をまったく有しておらず、多少は有している場合でも、テーブル、秤、椅子などである）。

「スパンダナ」は、一〇四の地区のうち、ランダムに選ばれた半分の地区に支店を開設した。その二年後、チェンナイのマイクロファイナンス・センターのチームが、一〇四のすべての地区の住民に関するデータを集めた。方法論の観点からすれば、「スパンダナ」の顧客と対照群の地区の住民を比較することは、もちろんできない。というのも、対照群の地区にも支店を開設したとして、そこで誰が「スパンダナ」の顧客になっていたのか、わからないからである。したがって、これらの二種類の地区の内部においてランダムに選ばれたサンプル（借りた者と借りていない者）を比較しなければならない。「スパンダナ」が支店を開設した地区では、二七パーセントの家族がマイクロファイナンス機関でお金を借りる契約を結んだ（そのうち一九パーセントが「スパンダナ」と契約した）。対照群の地区においても、人々は「スパンダナ」か、その間にすべての地区で活動し始めた他のマイクロファイナンス機関からお金を借りることができた。対照群では一九パーセントの家族が借り入れの契約を結んでおり、そのうち五パーセントが「スパンダナ」と契約していた。

「スパンダナ」は費用をかけて宣伝やマーケティングを行った。しかし、顧客の八〇パーセントに浸透することを期待していたにもかかわらず、現実の浸透率はそれをはるかに下回った。この無関心を説明する理由はいくつかある。ある人々は貸付限度額が低すぎると考えており、他の人々は週ごとの返済という拘束が厳しすぎると考えていた。さらに単純に、お金を借りる必要がない人々もいる。このようにマイクロファイナンス商品は、必ずしもすべての人々のニーズに合致しているわけではない。その二年後、新規の事業を創設した者の割合は、五・七パーセントから七パーセントに増えていた。補助的な借入金が八・三パーセント増加したことで、事業の数が一・三パーセント増加したのである。つまり、マイクロクレジットの六件のうちおよそ一件が新しい活動の立ち上げに使われたと推定することができる。マイクロクレジットのすべてが新たに事業を起こすのに使われたわけではない。新たな起業に貢献することもあったが、すでに存在している事業の発展に貢献することもあった。借入金の残りの部分は、最終的に、より大きな消費をまかなうために使われたか、昔からの借金の返済に使われたことになる。

消費に対する影響は、世帯の種類に依存すると予想される。起業する世帯は貯蓄するだろうし、すでに事業を行っている世帯、あるいは新しい活動を始めるつもりがない世帯は、より多く消費するだろう。観察すると、まさにその通りになっている。平均すると、対照群の地区と比べて、実験群の地区の日常の消費が大きく増えているわけではない。しかし、新たな活動に着手した世帯では消費が減少しているし、そうではない世帯では増加している。最終的に、教育、健康、女性の意思決定については、影響らしいものは何も見られなかった。厳密な経済的インパクトに関するものを除いて、どのような指標にも影響が見られなかったのである。それは時間が経過しても影響が見られないことを意味するわけではないが、少なくとも短期的には、マイクロクレジットだけでは、それらの分野における介入を代行することはできないことを示している。

マイクロクレジットは、現代的な高利貸ではなく、万能薬でもなく、ただ単に自らに与えられた役割を果たしているにすぎない。つまり、信用市場から切り離された潜在的起業家に対して、プロジェクトを実現できる可能性を提供するのである。しかし、すべての人が生まれつき起業家だというわけではない。したがって、マイクロクレジットは普遍的な解決策にはなりえないことになる。

クレジットを超えて

強制的な規律

「スパンダナ」の評価を通じて、興味深い点が一つ見えてきた。それは、貸付機関の役割とは違うマイクロファイナンスの役割である。マイクロ貸付が承認されると、(家族のためであれ、事業のためであれ) 耐久財の購入が平均一九パーセント増加したのに対して、顧客自身が「誘惑」財と定義するような一定の財 (煙草、お茶、スナックなど) に対する支出は、一一パーセント減少した。顧客たちは、貸付金を利用してテレビ、冷蔵庫、自転車を購入し、そのお金を返済するために余分な消費を抑制しているように思われる。すなわち融資のおかげで、かれらの貯蓄のダイナミクスが始動したわけである。もちろん、お金を借りた人は新しい冷蔵庫や新しいテレビをすぐさま利用できるのだが、マイクロクレジットの別の利点、より重要かもしれない利点は、返済が義務づけられているところにある。返済義務があるおかげで、個人は返済に必要な金額を毎週取っておくように強いられる。自分一人で計画せざるをえないとしたら、家族からの圧力や日常の小さな誘惑が貯蓄の妨げになり、いつまでたっても、自分が夢見る財を手に入れるだけの金額を貯めることはできなかっただろう。奮発してテレビを購入するだけの貯金ができるまで待つつもりでいる者も、規律が義務づけられなければ自分には十分な貯金ができないことを自覚した時点で、マイクロクレジットに申し込もうと決断するかもしれない。

この視点から考えると、マイクロクレジットは非常に高くつく貯蓄手段だということになる。たとえば、

「スパンダナ」の金利は年二〇パーセントを超える。私は、借りたお金の全額を利子がつかない銀行口座に預けていた顧客に会ったことがある。二年後に結婚する娘の持参金を貯金することを自分に強制していたのである。コストが大きくて拘束が強い預金戦略として貧しい人々が頼りにしているものは、これが唯一ではない。西アフリカでは、預金収集人（「スス」と呼ばれる）が有料の集金サービスを行っている。「トンチン年金」では、女性グループが週ごとに集まってお金を少額ずつ集め、そうやって積み立てられた共同貯金を毎週ひとりが持ち帰ることになっている。女性たちは、このような戦略によって、外部の世界から、夫から、そして自分自身から貯金を守っているのである。各人の銀行口座を管理する費用が生じるために、銀行は通常、非常に少額の預金は受けつけないものである。さらにいくつかの国々では、人々の預金を取り扱う機関に厳格な規制がかけられているため、マイクロファイナンス機関には預金を集める資格が認められていない。

というわけで世帯は、借り入れる能力と同じように貯蓄する能力についても、自らに規律を課すことができる。ケニアで行われた調査では、貯蓄へのアクセスが経済活動に大きなインパクトをもつことが示された[23]。研究者たちは、非常に小さな経済活動（野菜売り、自転車タクシーなど）を営む個人（男性および女性）のサンプルを構成した。そして、それらの起業家のうち半分をランダムに選び出し、かれらのために地方銀行で普通貯金口座を開設した。利子がつかず、引き出しの度に手数料がかかるこの口座を開設するには、通常は七ドルかかる（あらためて、貧しい人々が銀行で貯金するのは難しいことがわかる）。そこで研究者がこの手数料を負担したのだけれども、選ばれた起業家（実験群）がその口座を使うかどうかは自由だった。そして三カ月の間、起業家たちは営業日誌をつけて、購入した財や、降ってわいた災難（病気、事故、強いられた失業など）を記録することになった。

男性たちは口座をほとんど利用しなかったけれども、女性たちの六〇パーセントは最低一回は取引したことがわかった。実際、女性たちにとって、貯蓄口座は非常に有益だったように思われる。事業の運転資金に対する日常的な投資が五九パーセント以上も増加したのである。それらの口座のおかげで、女性たちはとりわけ、分割できない財（たとえば石炭一袋）を自分の事業のために購入することができた。病気（たとえばマラリアの発作）の際には、女性たちは適切な薬を買うことができるので、活動が被害を受けることも少なくなった。

とすると、最貧層の人々の貯蓄を助けようとすれば、同じ口座に共同でお金を積み立てる相互貯金グループ「セルフ・ヘルプ・グループ」が行っているように、女性たちの口座へのアクセスを改善すれば十分なのだろうか。あるいは、マイクロクレジットの場合と同じように、顧客に貯蓄を強制するような口座が必要なのだろうか。ケニアの実験では、この質問に答えることはできない。なぜなら、引き出し手数料が、小さな取引に課される税金のような役割を果たしていたからである。利用者にとって、それらの口座は、貯金を預ける「金庫」以上のものになっていた。すなわち、お金が十分に貯まるまでは引き出さないことのインセンティブを提供していたことになる。このことで、利用者に対するこれらの口座のインパクトを説明できるだろう。

それにしても、無理して貯金する必要があるのだろうか。自分をコントロールできる人は、いつ貯金するか、いつ消費するか、自分で合理的に決めることができるので、外からの拘束は必要としないはずである。だが、「誘惑」財というものが存在する。今この瞬間にその消費を楽しむけれども、それが未来においても望ましいとは限らない財である。たとえば、今日、お茶の一服を楽しんでいるとして、同じお茶を二カ月後に消費できると期待したとしても、そこからは何の喜びも生まれないだろう。誘惑財の対立物は、切望財である。それは、この瞬間に使えれば喜びを感じるけれども、将来これを使えると想像することからも喜びが生まれる財である。[24] 切望財のほうがより高価である（テレビ、冷蔵庫、子どもたちが通う私立学校など）のに対して、誘惑財はとりわけ安くて品数が多く（お茶、スナック、お酒など）、それらが貯蓄を非常に難しくする。ある人が少額のお金をもっていて、貯金することもできるし、誘惑財に使うこともできるとしよう。その人は、自分が今日貯めたお金を明日になったら誘惑財に使ってしまう恐れがあることを、完全に自覚している（明日また貯金したとしても、テレビを買うのには相変わらず十分ではないからである）。しかし、明日この誘惑財を消費できる見込みからは何の喜びも生まれないにしても、今日それを消費できれば愉快だろう。結局のところ、テレビが買えなくなることを意味するとしても、いま自分が欲しいと思うものを消費したほうがよいことになる。内生的失望効果とでも呼ぶべきものがある。つまり、憧れの目的を絶対に果たせないことがわかってしまうと、人は、始まる前からレースを諦めてしまうのだ。もっと豊かな人々の場合は、貯金するかもしれない。なぜなら、近い将来に目的を実現できる可能性がより高いからである。貧困の悪循環は、こういう形をとることもあるわけである。

しかし、最も貧しい人々に安全なところにお金を預ける可能性を提供し、必要な金額に到達するまでは口座にアクセスできません、という提案をすれば、貯金が始まる可能性は十分にある。今日貯金することで、お茶を一杯またはチョコレートのお菓子を一つ断念することになるけれども、本気で貯金することに決めた以上、明日になってそのお金を誘惑財に使うことはできないわけである。そのお金が貯金口座にとどまることも、最初からわかっている。そして、少しずつ十分な額のお金を蓄えることで、自分が本当に重要だと思う計画を実現することができる。このように、引き出しに制限がある（一定の期間を経ないと引き出しできない、あるいは、一定の預金額を達成したり、あるいは特定の用途に使ったりするのでない限りはお金を利用できない）口座を提案すれば、貯金を奨励することができる。より一般的には、時間的不整合の問題を抱える人々も、このような口座に関心をもつかもしれない。

フィリピンのマイクロファイナンス機関「グリーン・バンク」は、一七七七人の顧客からランダムに選ばれた七一〇人に、この種の商品を提案した。[25] 関心がある顧客は、引き出しが可能になるまでの取引不能期間あるいは貯蓄目標額を自分たちで決めた。この決意は、それから何が起きても、たとえ顧客の気が変わっても、銀行によって適用され続けることになった。この口座にはそれ以外の利点は何もなかったが、顧客の二八パーセントがこの申し出を受け入れた。時間的不整合に最も強く悩まされていることが事前にわかっていた顧客が、最も多く応募してくることになった。一年後に平均してみると、このオファーを提示された人々（それを受け入れたかどうかは別として）のグループは、対照群と比較して、八一パーセント多く貯金していた。貯金の大切さを強調する銀行員の訪問を受けた別のグループと比べても、五七パーセント多く貯金していた。したがって、この実験は、そのような貯蓄商品に対する需要が存在していること、そしてその商品が効果的であることを証明している。私は貯金する、と誓って、それを実行することは可能なのである。

保険の効力

融資も貯蓄も、リスクを分散させる理想的な手段だというわけではない。収入の非常に大きな部分を充当するのでもない限り、貯蓄によって深刻な事件に立ち向かうことはできないだろう。しかも、最も貧しい人々は、常に巨大なリスクに直面している。かれらは気候変動、価格変化、病気、盗難による損害によって、ますますひどい貧困状態に追い込まれることがある。さらに、最低水準以下の暮らしに陥らないようにリスクを最小限にしようとする気持ちのせいで、最も貧しい人々は、過度に慎重な行動をとることがある（新しい活動を避ける、新しい種子を拒否する、など）。リスクは新しい悪循環を引き起こしかねない。かろうじて生き延びることだけを可能にする日常から抜け出そうとすれば、必要な限りでリスクをとらなければならないのだが、人々は貧困のために、そんな気を失ってしまうのである。

村人たちおよび同じ家族のメンバーの内部には、連帯のネットワークが存在している。しかし、それらは完全な保険の代用品にはならない。とりわけ、一つの村にまるごとかかわるような出来事（たとえば干ばつ）を局所的な連帯責任のネットワークでカバーすることは、不可能である。さらに、正式に制度化されておらず、法的義務も欠けているせいで、村の連帯の発展が立ち行かなくなることもある（より豊かな村人は、他の村人たちから離れていくかもしれない）。このような状況は、より広く、より正式な形の保険システムに対する需要を呼び起こすことになるかもしれない。しかし、発展途上国では、そのような保険システムはあまり普及していない。貧しい人々が何らかの形で正式な保険に加入していることは、めったにない。

数年前から、マイクロファイナンス機関はこの新しい「フロンティア」に興味をもつようになった。健康に関する保険、干ばつに対する保険、さらには家畜にかける保険が提案されている。これらの機関には二つの大きな切り札がある。一方では、客層の幅がたいへん広いおかげで、リスクを分散させて、管理費を縮小することができる。他方では、顧客たちは最初は保険のためではなく、融資を受けるためにコンタクトしてくるということがある。したがって、保険のアキレス腱である逆選択を最小限にすることができる。逆選択は、健康な人たちは健康保険に加入するつもりはまったくないけれども、自分が病気だということを知っている人たちは慌てて保険に入ろうとする、ということだった。保険への加入を法的に義務づけることは、保健医療システムの名前に値するあらゆるシステムの試金石になっている（米国はいまそのことを発見しつつある）。マイクロファイナンス機関が、健康な顧客が加入する気になるような基本商品（融資）を維持しながら、顧客の全員を対象に保険に加入させることができるならば、それらの機関は損失を抱え込むことなく、重大なリスクをカバーできる低価格の保険を開発することができるはずである。

現在、保険に関するいくつかのインパクト評価が進行中であるが、最終的な結論はまだ明らかになっていない。暫定的な結果では、まったく意外なことに、保険には人気がないということが示されている。ガーナでは、収穫が低い場合に無償で債務免除を受けられるオファーを提供したところ、（その提案を受けなかったグループと比較して）マイクロファイナンス機関の融資への需要が縮小してしまった。[26] インドでは、干ばつに対する保険が開発された。それはとても簡単な商品であり、顧客は一定の金額で（一ドル単位で）保険契約を結び、降水量が特定の閾値を下回れば、事前に指定した金額が保険から返ってくるというものだった。それは何の確認も事務手続きも必要としなかった。二つの機関がこの保険をグジャラート州とアーンドラ・プラデーシュ州の農民に提案しようと試みた。[27] ところが、どちらの州でも、保険に参加したのは顧客の三〇パーセントに満たなかった。さらに、農民たちは収穫の分の収入を保障する閾値よりもはるかに低い金額（平均二ドル）でしか加入しなかった（干ばつの際に返却される金額は加入の際に支払う金額に比例する）。

最後に再びインドの話になるが、SKSというマイクロファイナンス機関が、借り入れの更新を望むすべての顧客に対して、融資の返済と同時に保険料を支払うことを義務づける健康保険を提案した。[28] その仕組みは商品をとりわけ魅力的にするはずだったが、あまり成功しなかった。この保険は一〇〇カ所の村で提案され、これが実験群を構成した。このグループで借り入れを更新したのは五九パーセントだったのに対して、対照群では七〇パーセントに達した。健康保険は付加価値とは見なされず、むしろ一定数の顧客を失望させたことになる。一年後、SKSは顧客の流出を避けるために、この保険を強制することを諦めた。最終的に保険は断念されたが、それは、顧客の人数が少なすぎて医療費が高くつくようになったため、保険業としてはメリットがないと判断されたためである。

評価の結果が出そろえば、私たちは近いうちに、保険に対する需要が低い原因を理解できるようになるだろう。この分野における研究は、保険の影響に関しても需要の決定因に関しても、いまだに十分なものではない。だが、こうした状況とは対照的に、しばしば新しい万能薬として紹介されるものに対して、マイクロファイナンス機関も国際機関も熱狂を示すのである。

保険に対する需要が低い理由の一つは、保険のコンセプトが必ずしもよく理解されていないことに関係しているかもしれない。そうだということを示す手がかりがある。保険をあまり利用せず、一年後、自分は病気にならなかったという理由でお金の返却を要求する加入者がいた。承諾された貸付金と現在の返済が直接結びついている融資や貯蓄のケースとは異なって、保険は、病気にならない多数の者に税金を課していると思われているわけである。今後は情報提供と経験によって保険の機能がよりよく理解されるようになり、より広く利用されるようになるかもしれない。もう一つの可能性は、予防ケアの利用の低さを説明するのと同じメカニズムで、ここでも時間的不整合が一定の役割を演じているというものである。保険料は今日支払わなければならないが、未来のいつになったらその利益を受けられるのかわからないし、そもそも利益があるかどうかもわからない。したがって、現在を強く選好する者は、たとえ将来後悔するにしても、保険に加入することを嫌がるかもしれない。

予防衛生の場合と同じように、このことによって公共の介入が正当化される。豊かな国々の大部分では、基礎的な保険への加入が全国民に義務づけられている。保険がおおむね欠落している貧しい国々では、今日、国際機関は保険を導入するにあたって市場を頼りにし、できれば収益が上がるようにしたいと思っている。しかし、需要の低さが時間的不整合に関係しているとすれば、状況を変えるには、補助金、援助（デフォールトでの加入）、または国家が提供する強制保険が必要になるだろう。

マイクロファイナンス機関が顧客のニーズに適合した人気のある保険商品を提案できるようになるためには、まだまだ多くの研究がなされ、試行錯誤が行われなければならないということは確かだろう。融資の場合とは違って、それらの商品は金銭的に収益を上げることができず、常に（少なくとも部分的に）補助金の投入を受け続ける必要があるかもしれず、私たちはそのような結果に対する心の準備をしておかなければならない。結果が出るまでの間、すべてを負担するように貧しい人々に要求するのは、きわめて不公正なことである。ところが、今かれらは、そうすることを期待されているのだ。

マイクロファイナンスにはどのような未来があるか

マイクロファイナンスには多くの希望が託されてきた。マイクロファイナンスは、その支持者たちにとっては、市場の欠落を埋めることを可能にする創造的なシステムというだけでなく、何よりもまず、貧しい人々を助ける方法を刷新する革命である。金融として存続できる価格が設定された融資（そして現在は保険も）のおかげで、私たちは、貧しい人々が自らを助けるのを――たとえ自分のお金を一銭も使わなくても――支援することができる。この哲学が地球規模で成功したために、多くの異なる分野において、このモデルの再生産が促進されるようになった。米国の「アキュメン・ファンド」のような「社会的企業」は、収益性を十分に保証するような価格水準で、貧者に様々な基本財（上水道から教育、そして蚊帳まで）を提供しようと提案している。この世界観によれば、貧困に関するあらゆる問題は市場の不在が引き起こしたものであるから、それらは、十分に才覚のある起業家によって市場が開かれるのを待ちさえすれば解決されることになる。

マイクロクレジットに対する批判も、それに対する期待と同じくらい大きいものだった。マイクロクレジット事業は、返済不可能な借金をするように提案して貧者を搾取する新たな高利貸と（あまりにも）安易に同一視されている。私たちの結論には、より微妙なニュアンスがある。マイクロファイナンスのおかげで、多くの貧しい女性たちが融資にアクセスすることがようやく可能になった。彼女たちのなかには、活動を始めるための才能とアイデアをすでに有している者たちがいた。そして、マイクロクレジットの貸付の六つに一つは、新しい活動を創出することにつながった。他の世帯の人々についても、マイクロクレジットの貸付は、村の高利貸に頼ることなく、貯蓄して、人生の危険を和らげることができるように助けている。

しかし、小規模自営業と起業家精神は安易に混同されがちである。最も貧しい人々はたいていは自分たちの活動（畑、店舗、小さな商売）の所有者であるが、こうした所有は、ほとんどの場合は受け身的なものである。すべての貧者を起業家と見なすマイクロクレジットの信条は、必ずしも現実と一致するものではない。貧しい人々も豊かな人々と同じように、貯蓄の妨げになる様々な障害に直面しており、そこには時間的不整合や、貧困それ自体がもたらす失望が含まれる。結局のところ、マイクロファイナンスは美しい革新である。それを支援し続けて、最も貧しい人々に適合した一式の金融サービス（貯蓄、融資、保険）が開発されていくように促していかなければならない。しかし、マイクロフィナンスだけでは、貧困との闘いの伝統的な手段に取って代わることはできないこともまた、けっして忘れてはならないのである。

第4章　ガバナンスと汚職

ごく一般的な言説が、制度をめぐる論争を圧倒的に支配している。（大文字で書かれた）「民主主義」、所有、地方分権といったテーマは汲み尽くせないほど豊かで大きなテーマだけれども、ほとんどの場合、それらは抽象的な、または純粋に記述的なやり方で議論されている。制度の役割や発展水準に関する議論は、歴史や比較の観点にどっぷりと浸かっており、そこで分析の単位を構成しているのは国や大陸である。ところが、現場における制度の正確な形状が議論されることは、めったにない。汚職についても同様である。このテーマについてすぐに思いつくのは、フランス語圏アフリカの漂流、そしてアフリカの独裁者たちの銀行口座といったことである。

私たちはこうした一般的なアプローチの大切さを否定するものではないが、この章ではまったく異なる視角を提供したい。それは、大多数の人々が制度をどのように見ているかという視角である。最も貧しい人々が直面する汚職は、指導者たちが引き起こす派手な横領事件よりも、現象として幅広く拡散している。日常の汚職には多くの顔がある。それは、訴えを記録してもらうには警察官にお札を一枚渡さないといけないとか、もともと権利があるはずの食糧配給カードを交付してもらうには村長に袖の下が必要だとか、そういったことである。制度がとる具体的な形状を描写するために、私たちはこれまでと同じように「下から」のアプローチを採用する。制度というものは、集団的意思決定のプロセスを日々形づくる一連のルールによって統御されている。こうした制度的な枠組みは、政策の選択、村の内部の資源配分、および市民の同意と満足に対して、決定的な影響を及ぼしている。

そこで私たちは、これらの「細部」——日常的な汚職、そしてグッド・ガバナンスを構成するルール——に注目することにしよう。それは細部の重要性を明らかにするためであり、これまでの章と同様、正確な知識がないためにたいてい解決不能だと思われている問題を解決するにあたって、細かい分析がどのように助けることができるかを示すためである[1]。

どうやって汚職と闘うか

「汚職」という言葉は、多くの現実を包み込んでいる。ここで私たちは、この用語を、公務員（または議員）が個人的な特権を得るために規則に違反する状況として定義する[2]。それは賄賂であったり、身内の優遇だったり、えこひいきによって与えられる契約だったりする。通常の用語法とは違って、私たちは、公務員の常習的な欠勤も汚職行為と見なす。欠勤する教員たちは、出勤を命じるルールに違反して気ままに一日を過ごしているのだが、そうすることで教員は、（給与という形をとる）公金を横領していることになり、それは他の形態の汚職と比べてもかなり大きな金額になっている。ただし、民間の領域における盗みや悪意ある行動は、汚職とは見なされない。

汚職を計測する

そもそも、汚職を計測するのは困難である。なぜなら、それは法律に違反する行為だからである。加害者も被害者も、詳細を明かすことを嫌がるのだ。これまで長い間、発展途上国に進出しようとする企業のために作成される報告書が、汚職に関する主要な情報源になってきた。[3]「エコノミスト・インテリジェンス・ユニット」のような機関が発行したこれらの文書は、たいていは大きな地元企業へのインタビューをもとに作成されており、ビジネス界以外での汚職のインパクトは扱っていない。しかし、これらの研究から排除されている貧しい人々こそが、欠勤や、建築資材の盗みによって生じるインフラの質の劣化、トラックの過積載、そして食糧配布カードの横領といった行為のいちばんの被害者である。たとえばインドでは、いくつかの調査を通じて明らかになったように、補助金を受けた店舗で品物を調達する権利をもらえる「BPL」(貧困基準線以下)カードを要求するにあたって、当人が貧困であることは、必要十分条件になっていない。[4]

汚職をよりよく理解するために、そして何よりも汚職との闘い方を知るために不可欠な最初の一歩は、この現象を数値化することである。主要な情報提供者とのインタビューに関していえば、世帯または企業を対象とする調査を行うと、代表性を高められるという利点がある。しかし汚職を隠そうとする、または汚職を誇張しようとする配慮のために、内容が偏ってしまう可能性がある。汚職の誇張というのは、もちろん他人の汚職についてである。近年、研究者たちは、こうした旧来の方法を超えてさかんに工夫をこらし、より信頼できるデータを得ようとしてきた。

一つ目の方法は、不意打ち訪問を組織することである。平日に訪問を実施すると、学校や保健センターでの欠勤の大きさを明るみに出すことができる。[5]このやり方のバリエーションとして、ある財またはサービスを得ようと試みる「謎の顧客」を派遣するというやり方がある。警察の改革に関する調査の一環として、ラージャスターン州の警察の幹部が次のような演習を行うことに同意した[6]（この調査には後で立ち戻ることにする）。地元の調査員たちが小さな犯罪（電話や自転車の盗難、セクハラなど）の被害を受けた比較的貧しい住民になりすまして、ラージャスターン州全体に分散する一五〇の警察署に訴え出たのである。調査員は、訴えが記録される寸前まで、または、警察官が訴えを受け取るのを拒否した場合は自分が警察署を立ち去る寸前まで、自らの身分を隠したままにしていた。警察官の個別の反応を上司に伝えることはしなかった。ここでは、過ちを犯したであろう者を罰することではなく、状況を計測することが目的だったからである。最初の訪問では六〇パーセントの事例で警察官が訴えの記録を拒否したが、実をいえば、すべての警察署が、年内にこの種の訪問があるだろうという予告を受けていたのだった。とすると、この割合はおそらく実際の状況を過小評価するものになっているだろう。こうした記録率の低さは、同じ地区の住民サンプルを対象として並行して行われた個人調査でも確認された。三分の二以上の事例について、犯罪の被害者は警察に届けることさえしなかった。届けた人については、訴えの三分の一が記録されていなかった。警察官たちが訴えの記録を拒否する理由は簡単である。それぞれの警察署は未解決事件の数によって評価される。そして、犯罪を一つ台帳に記録しなければ、解決すべき問題を一つ減らすことができるのである。

また別の方法に参与観察がある。インドネシアのアチェ州では、調査員が乗客または運転助手に扮してトラックに同乗した。[7] かれらは運転手の同意を得て三〇四の行程に参加し、六〇〇〇件の不正な支払いを目撃した[8]（その一つはビデオで録画されており、この調査の計画者のウェブサイトで見ることができる）。内戦から抜け出したばかりのアチェ州の主要な道路には、軍と警察官が賄賂を要求する検問所がいまだに多く存在する。賄賂、ゆすり取られるお金、または「みかじめ料」として、ひとりの運転手が平均して四〇ドル（行程でかかる全費用のおよそ一三パーセントに相当する）を支払っている。他には存在しないそれらのデータから、要求される金額とトラックの積載量には関係がないことも明らかになった。運送会社にとっては、賄賂を償還しようとすれば一度にできるだけ多くの荷物を積んだほうが有利だということになり、トラックの重量が増加すると路面は急激に損傷してしまう。この事例は、より一般的な原則を例証するものになっている。汚職はレントの分配（ここでは運送会社と警察または軍人の間の分配）をもたらすだけでなく、社会全体の福祉水準をも低下させてしまうのである。

三つ目の技法は、消え去った資金を特定するために、異なる二つの情報源を比較することである。たとえば、関税逃れを算定するために、輸入と輸出の申告を分析することができる。行政機関の盗みを突き止めるために、学校や診療所に送られた金額と、実際に届いた金額を比較することができる。あるいは、道路建設に利用されることになっていた資材（および労働時間）の申告量と、実際に使われたものを比較することができる(9)。というのも、道路を建設する現場の関係者が金儲けをする方法として最も普及しているのが、労働時間を実際よりも多く申告したり（または、村人が無償で働いた時間について支払いを行ったものとして申告したり）、材料費を水増しして偽の請求書を作成したり、材料の一部を横領したりすることなのである。さきほどと同じくインドネシアでは、エンジニアのチームが最近建設された地元の道路の数カ所でサンプル採取を行って、使用された材料の量を計測した。その後、これらの調査を補完するために住民を対象とした調査を実施し、労働時間（とそれに対する支払額）を算定した。最後に、それらのデータと工事の担当者が提供した会計報告を比較してみた。そうすると、平均して、道路建設のために受け取った財源の四分の一が横領されていると推測できた。資材の四分の一弱が盗まれており（または購入されていなかった）、支払ったことになっている労賃の二七パーセントが実際には支払われていなかったのである。

汚職を理解する

これらの独創的な測定法は、これまでに利用可能だった手法よりも正確なものであり、それを利用することで私たちは汚職の仕組みをよりよく理解できるようになる。より正確に言えば、私たちは汚職と単なる盗みを区別できるようになる。だとすると、公共生活における汚職は、法律違反と何が違うのだろう。

ここで、ルールを破る者の態度よりも、破られるルールの性質そのものが問題になる。というのも、国家が介入するのは、一般的に市場の失敗が存在するとき、すなわち財またはサービスが社会が望むような形で自発的に分配されていないときである。こうして、いくつかの理由（社会の効率、あるいは再分配の意思など）によって、私益と公益が一致しない状況が生まれる。たとえば、自動車の運転ができて道路交通法を知っている者に運転免許が交付されるというのは、社会にとって大切なことである。しかし、運転できない者が、まず免許を手に入れようとするかもしれない。それから危険を承知のうえで（何よりも他人にとって危険なのだが）、運転しながら現場で技術を覚えようとするのである。同じように社会は、病院のベッドを、整形手術を受けた者ではなく、病人だけに割り当てることを選択する。しかし、お金を払う力があるのは整形手術を受ける者のほうである。

腐敗した公務員たちは、法律に違反することで、国家が除去しようと試みた市場のロジックを再導入し、しばしば財の分配の方法を変化させようとする。公務員たちは、社会の「パイ」の不当な一部を勝手に手に入れるだけでなく、さらにパイの大きさを縮小させてしまうことになる。私たちは、道路建設がそういう状況だったことを検討した。ニューデリーにおける運転免許証の交付は、もう一つの顕著な事例を提供している。汚職の規模を明らかにするために、研究者のチームが運転免許の取得を希望していた八二二人を特定した(10)。これらの人々はランダムに三つのグループに分けられた。第一は対照群であり、運転免許の取得のプロセスは通常通りであった。第二は「ボーナス」群であり、参加者は三二日間以内、つまり法定最短基準よりも二日間だけ長い期間内に免許を取得した場合、比較的大きな特別手当の支給を約束された。第三のグループの参加者には、無料の運転講習が提供された。これらのすべての人々は、二〇〇四年一〇月から〇五年四月までの間、運転免許の取得手続きの追跡を受けた。最後に、運転免許を取得した人々を対象として不意打ち試験を行った。

対照群を観察すると、興味深い一次データが見えてくる。このグループの四八パーセントが実際に運転免許を取得することになった（これは、免許を取得しようとして本当に努力した人の六九パーセントである）。ここで免許を取得した人のうち六〇パーセントは、最後の不意打ち試験に落ちた。対照群のなかの三九パーセントの人々は、免許取得の手続きを容易にするために「代理人」に頼っていた（この代理人が賄賂を集める仲介者だったようである）。「代理人」を使った対照群の志願者たちは、この方法で免許を取得するために、正規料金の四五〇ルピーに加えて平均して三三八ルピー、つまり合計すると正規料金の二倍近い金額を支払っている。かれらが余分に支払ったお金は、たいていの場合、公務員に直接渡すのではなく代理人に委ねられた。

これらの代理人は、運転免許行政の「歯車の潤滑油」になっているだけなのだろうか。かれらは絶対かつ全能の官僚に対する有益な解毒剤になっているのだろうか。代理人の活動の性格をよりよく理解するために、私たちは「謎の顧客」を利用することにした。顧客になるふりをした若者たちが、代理人のところを訪れて、多かれ少なかれ困難な条件のもとで運転免許を取得するのを助けてくれないかと願い出たのである。困難な条件というのは、たとえば運転の仕方を知らない――あるいは運転を学ぼうとする意思がない――、あるいは、必要な証明書がない、規定の年齢を満たしていない、または、三〇日以内で免許を取得する必要がある、といったことである。見たところ、運転ができないことはまったく問題ではなく、そのせいで免許を取得する費用が高くなることもなかった。しかし、代理人たちは、正式なルール（免許取得までの期間、年齢や住所の証明書など）を無視することはできなかった。代理人たちは、そもそも不必要なのかもしれない正式なルールを人々が迂回するのを助けるわけだが、そのことによって制度の効率を改善させているわけではない。むしろかれらは、それらのルールさえ守られてさえいれば免許が与えられるようにすることで、運転免許の実体を空っぽにしているのだ。いずれにせよ、運転免許は、運転する能力を承認するものではなくなってしまっている。

グループ間の違いを見ると、汚職という現象をもっとよく理解できる。主な結果が図5に示されている。「ボーナス」群の人々のほうが免許を取得する確率が高く（七三パーセントが取得した。対照群では四八パーセントだった）、しかもより早く取得している（三二日またはそれ以内に免許を取得した者は五七パーセントだった。対照群では一五パーセントだった）。ただし、これらの結果は運転免許の正式な試験を経て得られたものだとは限らない。「ボーナス」群では四七パーセントの者が正式な試験を受けずに免許を取得していた（対照群では三四パーセントだった）。では、かれらはどうやってこの快挙を成し遂げたのだろうか。それは、代理人を雇うことで（五八パーセントがそうしていた。対照群では三九パーセントだった）、そして、袖の下をより多く払うことで（平均して五一七ルピーだった。対照群では三三八ルピーだった）実現されたものである。社会的な費用は明らかである。かれらには運転を勉強する時間がなかった。免許を取得した者のうちおよそ七〇パーセントは運転を学んでおらず、研究の最後に実施された不意打ち試験に失敗している。

最後の第三のグループを観察すると、私たちは少しばかり安心できる。無料講習を受けた人々も、その結果は「ボーナス」群よりは劣っていたものの、運転免許を取得する確率が高かった（六三パーセントが免許を取得した。「ボーナス」群では七三パーセントだった）。そしてかれらは、より上手に運転することができた（無料

図 5　運転免許の取得――グループ別のパフォーマンス

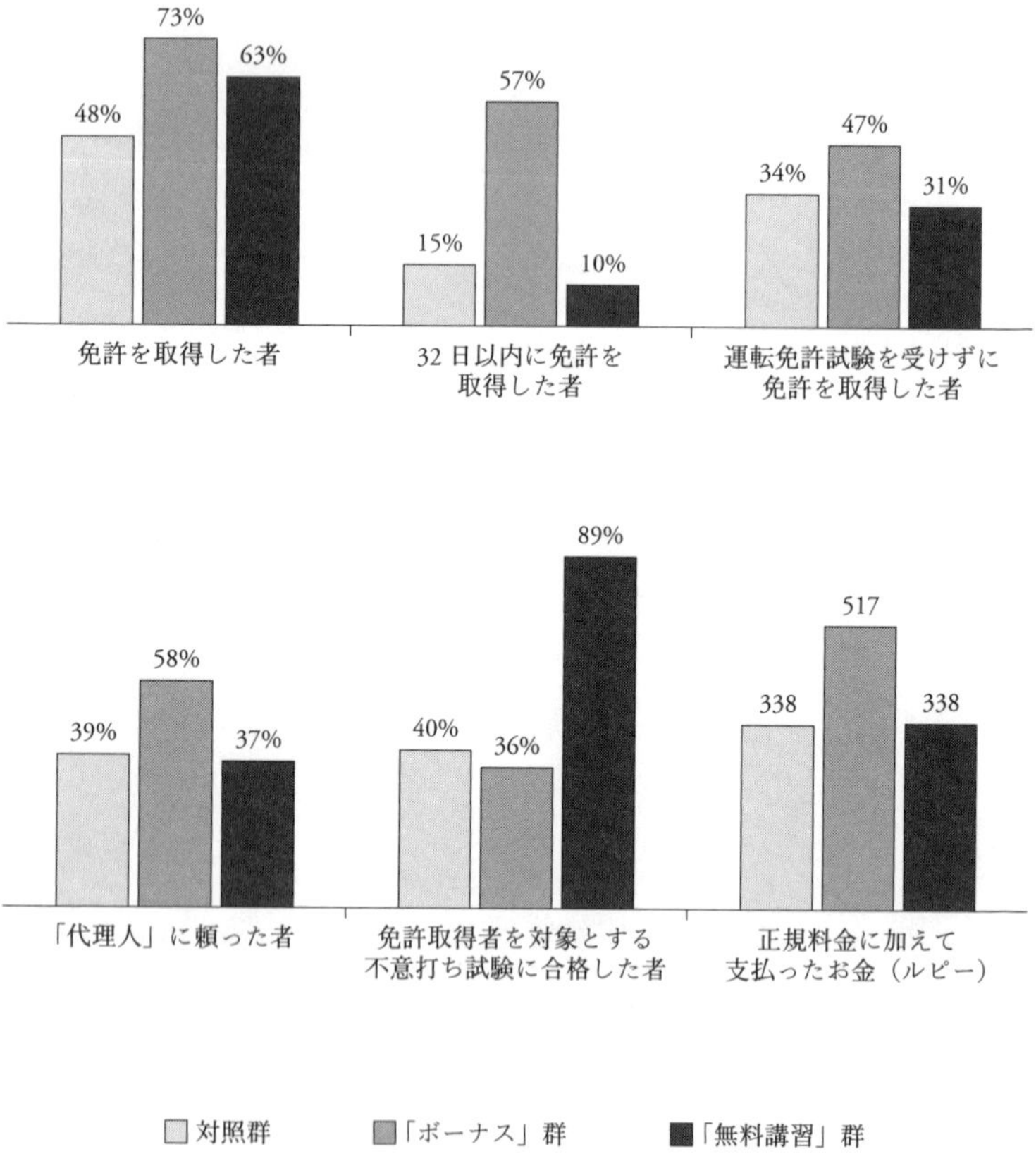

出典　Marianne Bertrand, Simeon Djankov, Rema Hanna and Sendhil Mullainathan, “Obtaining a Driver’s License in India: An Experimental Approach to Studying Corruption”, *Quarterly Journal of Economics*, 122(4), November 2007, pp. 1639-1676.

講習を受けて免許を取得した者の八九パーセントが不意打ち試験に合格した）。しかし、かれらが対照群よりも早く免許を取得できたわけではないし、使った費用は対照群と同じだった。

実際に運転ができるならば、免許を取得できる確率が高くなる。現在の制度のおかげで、免許証をただ販売するだけの場合よりも、無謀な運転をする者は少なくなっている。だが、免許の分配は汚職によって劣悪化しているように思われる。事実上、より多くのお金を出せる者のほうが免許を取得できる確率が高い。そして、運転者の多くがハンドルを握る能力を有していないのである。

いっそのこと、お金さえ払えば免許を取得できる制度にしてしまえば、汚職はなくなると考えることもできる。だとすると、運転免許試験そのものを廃止してしまったほうがいいのだろうか。おそらくそうではない。運転できない者がさらに増えてしまうからである（今のところは、汚職の存在にもかかわらず、運転できるかどうかが免許を取得する決め手になっている）。汚職は、ある社会的な目標と個人的な支払能力との間にギャップがあるところから生じる。それは、病院のベッドを実際に必要としている患者に与えようと望む政府の決断と、自分の収入の最大化を求めようとする役人の決断の分析において、アビジット・バナジーが証明した通りである。(11) 利用者は自分には資格があること（またはそれが必要であること）を証明するかわりに、お金で解決してもいいことになる。そして公務員は、それを可能にすることで、このギャップにつけ込む。それはもちろん、無謀運転をする者が道路を走ったり、道路がデコボコだったり、入院できない病人がいたり、といった社会の不利益を顧みることなく行われる。

もし政府が、経済における希少な資源の割当を改善しようとする（つまり、病院のベッドをお金持ちではなく病人に与えようとする）希望をすっかり捨て去るとしたら、おそらく汚職は減るけれども、社会の福祉水準もより低下することになるだろう。汚職は、市場の均衡を強制するための介入の必要性と切り離せないものである。汚職は、いうなれば、介入の邪悪な横顔なのである。したがって、一人ひとりが自己利益の圧力に屈することを徹底的に拒否するのでない限り、私たちは、汚職と永続的に闘う準備をしなければならない。汚職はあらゆるルールを無力化し、社会全体の利益を破壊するのだから、根本的に有害である。政治学者サミュエル・ハンチントンはこの側面を無視して、次のように書いている。彼によれば、汚職は「あらゆるものを麻痺させる官僚制度の歯車の潤滑油」に他ならない。そして、「経済成長については、硬直しきわめて集権化している高潔な行政機構を有する社会よりも、硬直しきわめて集権化している不正直な行政機構を有する社会の方が、ましである(12)」。

汚職と闘う

私たちは、汚職の作用をよりよく理解できるようになった。そして、汚職をどう計測すればよいかもわかった。こうして今、私たちは、政策的に最も重要な課題に取り組むことができるようになった。それは、汚職とどのように闘うべきかという課題である。それには三つのやり方がある。「上から」の監督（会計監査、行政による監督）、「下から」の監督（利用者による監視）、そして、この二つの組み合わせ（行政による監督と、選挙によるアカウンタビリティの保証）である。

ラージャスターン州におけるインド警察の評価活動は、行政による監督のインパクトを例示するものである(13)。警察官を試すために任命された「謎の顧客」が警察署を訪問した。かれらが身分を明かしたのは訪問の最後の段階だった。（それらの訪問によって警察官が処罰されることはなかったものの）警察官は自分が監督されていることを自覚した。そして、その認識によって、その後の警察官の行動には変化が現れたように思われる。訪問が増える度に――それは常に別々の調査員によって別々の件について実施されたので、調査であることを識別することは不可能だった――、訴えが記録される割合が増加したのである。最初の訪問での記録は四〇パーセントだったのに対して、最後の訪問では七〇パーセントに達した。自分が監視されているという事実を知っただけで、警察官たちは、より良心的な職業倫理を採用するようになった。

インドネシアで実施されている「ケチャマタン（郡）開発プログラム」（KDP）もまた、調査される不安を与えることとの有効性を示している。[14] 世界銀行の資金援助を受けたこのプログラムでは、それぞれの村が、地元のインフラにかかわるプロジェクトの候補（道路、小規模な灌漑事業など）を一つ決めることになった。それから郡（ケチャマタン）がプロジェクトを選択し、村に資金を与えて、地元の人々のチームがそれを実施することになった。たいていの場合、村人たちは道路建設を好んだが、すでに見たように、この種の事業は大量の汚職を引き起こしてしまう（すでに引用したエンジニアのチームの資料では、道路建設に投入された財源の四分の一が横領されていたことが明らかになった）。そこで世界銀行は、ベンジャミン・オルケンの助言を受けて、汚職と闘うために会計監査の方法を試すことにした。プログラムの責任者たちは、ランダムに選ばれた村に対して、年内に少なくとも一度は会計監査が実行されると通告した。この介入によって、材料の盗難の面でも、給料の未払いの面でも、資金の横領は三分の一近く減少することになった。

これらの「行政的」な介入が有効であることは明らかである。しかし今日、政府や国際機関は、利用者が直接実行する「下から」の監督のほうを当てにしている。利用者たちは原則的に、現存する汚職に関する情報を得るのにふさわしい立場にある。さらにかれらは、汚職の消滅（少なくともその減少）から直接的な利益を得ることができる。これらの二つの理由を考慮すると、中期的に見れば、外部からの監督よりも地元による監督のほうが有効だということになるかもしれない（結局のところ、監督者を監督すべきは誰かという問題になるのだ）。国際機関が出資するプログラムは、一般的には必ず、地元による監督を義務づけている。

私たちは、ラージャスターン州の警察、およびインドネシアの道路建設を対象とする監視活動を通じて、汚職に手を染めた公務員に対する民衆の監視活動の有効性を評価できるようになった。ラージャスターンの警察が設置した「コミュニティ連携グループ」（CLG）は、警察署を監督するとともに、現場での警察官の仕事を容易にする役割を果たすことになると期待されていた。しかし、警察官僚自身の意見によれば、CLGはあっという間に警察署長の側に取り込まれ、署長自身がCLGのメンバーを選ぶようになってしまったという（警察と近い関係にある起業家、あるいは情報提供者が選ばれるようになった）。CLGに独立した立場で監督を実行する力が与えられることはなかった。

この問題を解決するために、新たな介入が試される。すべての警察署において監視プログラムを紹介する集まりが開催され、その後、数百人のオブザーバーの名簿が作成された。各オブザーバーは三カ月ごとに一日を指定し、その日は数時間にわたって警察署で過ごして、警察官の行動を観察することになった。オブザーバーは観察結果を記入した書類を作成し、自分の名前も日付も書き込まないで、それを密封された投書箱に入れることができた。このプログラムは村々に広く宣伝されて、オブザーバーが募集されるとともに、村人はオブザーバーの担当時間内に警察署に訴えを出せるようになった。私たちの仮説は、少なくともオブザーバーがいる時間内については、警察官の行動が改善されるに違いない、というものだった。

こうしてCLGのモデルは修正されたのだが、この新たなオブザーバーのモデルは、訴えの記録にも、被害者の満足度にも、人々と警察の関係にも、まったくインパクトを与えなかった。それは部分的には、時間が経つにつれてプログラムが衰退していったことが原因である。ボランティアでオブザーバーになろうとする者も、警察署の現場に立ち会おうとする者も、次第に減っていったのである。数カ月後、不意打ち訪問に派遣された調査員たちは、予定されていた時間にオブザーバーがほとんど誰もいなかったことを確認した。

さらに、いくつかの警察署では報告書がねつ造されるようになった。しかし、住民も地方議員もプログラムの崩壊に警鐘を鳴らすことはなかった。

このプロジェクトの失敗とは対照的に、先に述べた視察活動に加えて、警察改革の一環としてラージャスターン州で実施された研修プログラムもまた、プラスの影響を与えている。ラージャスターン州の警察官たちは、新しい捜査方法、仲裁やストレス管理に関する研修を受けたが、事件の解決件数も、住民の満足度も、警察官が研修を受けたところでは著しく向上した。つまり、警察の効率を改善することは原則として可能なのである。ここで判明したのは、警察署での人々のオブザーバー活動のプログラムは役に立たないということだった。

インドネシアで組織された評価活動によって、インドのラージャスターン州で得られた結論が裏付けられることになった。「ケチャマタン（郡）開発プログラム」（ＫＤＰ）は、会計監査と同時に、コミュニティによる監視の有効性を試すものだった。ＫＤＰのプロジェクトは、すでに一般の人々の参加を奨励していた。道路建設を担当するチームは、工事の進行状況を報告し、予算に関する話し合いをするために、定期的に一般公開の集まりを開くことを義務づけられていた。しかし、インドネシア人は、自分が正式に招待されていない集会には、わざわざ足を運ばないものである。道路建設チームは、事業の恩恵を受ける人々だけを招待することで、公開集会の運営を完全に支配していた。そこで、集まりを意味あるものにするために、ランダムに構成されたグループをなす村のそれぞれに三〇〇通または五〇〇通の招待状を送付することになった。

この介入は目的の一つを達成した。集まりへの参加者が、平均して四八人から七四人に増えたのである。とりわけ、地元のエリート層に属していない村人たちが集会に参加するようになった。しかし、ラージャスターン州の警察署に派遣されたコミュニティのオブザーバーの場合と同じように、それで汚職そのものが減少したわけではなかった。道路建設に割り当てられた資金の横領行為は、ほとんど減少していない。変わったのは、汚職の質だった。給料の未払いが半減する一方で、建設資材の盗難が増えてしまったのである。なぜそうなったのかを説明するのは、難しいことではない。予算が提示された時、村人たちは、自分たちがプロジェクトのために金銭を受け取らないボランティアとして働くはずの時間が、予算の支出の欄に記録されていることを簡単に確認することができた。そして、かれらは不正行為に抗議することができた。ところが、材料の盗難や請求書の偽造を確認するのは、はるかに難しい。そうするためには、常に監視しなければならない。より多くの努力が必要になるし、村人の間で行動を調整することが必要になる。さらに、自分の労働に対する支払いがきちんと行われているかどうかを確認することは、自己利益にかなっている。しかし、道路が正しく建設されるように材料の盗難を制限することは、共有財にかかわることであり、そこでは自分のかわりに他人に必要な努力を払ってもらおうとする誘惑が大きくなる。こうした現実を意識した建設チームは、資金を横領する方法を洗練させ、見つかりにくいタイプの汚職へと方向転換したわけである。

これらの二つの事例を検討すると、行政と司法の対象たる人々が自分たちの権利を侵害する汚職を監督するために果たすことができる役割について、私たちはどちらかといえば悲観的な結論に到達する。汚職を減少させるにはコミュニティに関与してもらうだけで十分だと考えるのは、やや無邪気すぎるように思われるのだ。少なくとも、コミュニティの関与の効果はコンテクストに依存するし、プログラムがどのように組織されるかに依存する。プログラムが巧妙なやり方で実施されたとしても、「参加」という方式が本当に効果的な解決法なのかどうかは、まったく明らかではない。

だからといって、コミュニティによる制裁が何の役割も果たさないというわけではない。言えるのは、監督に必要な情報を村人たち自身が提示するだろうと期待しすぎてはならない、ということである。たとえば、選挙が実施される前に、あるいは地元のプロジェクト・チームが再編成される前に監査結果を市民に提供することによって、外部の監査と民衆の制裁を組み合わせる、といったやり方が理想的かもしれない。インドネシアでは、監査の結果はコミュニティと幹部に同時に伝えられる。それらの結果を村人たちに伝えればそれで十分なのだろうか、と問うてみるのも興味深いだろう。費用を払わなくても情報を入手できるとして、市民はそのような情報を利用するだろうか。

これが当てはまるのがブラジルである。ブラジルでは、テレビで放映されるくじ引きによって六〇の自治体が毎月ランダムに選ばれ、監査を受ける。[15] それらの監査の結果はマスメディアに伝達され、インターネットで拡散され、地元のメディアでさかんにコメントされる。しかるに、これらの情報は選挙結果に実際に影響を与えている。選挙直後に監査が実施された自治体では、確認された不正の数と、任期を満了した首長が再選される確率（四二パーセント前後）は無関係だった。他方、監査がたまたま選挙の直前に実施された自治体では、監査によって汚職がなかったことが明らかになった首長が再選される確率は五五パーセントだった（汚職がないにしても有権者がそのことを知らない自治体の数字を、一三パーセント上回っている）。そして、汚職が最もひどい自治体の首長が再選される確率は三〇パーセントにとどまる（情報を入手できない自治体と比べると一二パーセント低い）。このことは、有権者たちは腐敗した政治家に制裁を与える権力を有しており、そうすることを望んでもいることを示している。

ブラジルの事例は、地方の有権者たちが行政と政治家たちに対して行使できる権力を示すものだった。より一般的には、多くの発展途上国において（そして国際機関によって）、権力分散とりわけ地方の公共財にかかわる地方分権は、汚職を減らし、行政の支配力を減少させる有効な手段だと考えられている。さらに一般的に、それは政策決定を改善する方法の一つだと見なされている。だが、民衆の監督によって魔法のように汚職を消すことができないのと同じように、政策決定への地元の参加にも、困難がないわけではないのだ。

地方のガバナンスを改善する

インドの「グラム・パンチャヤート」(地方議会)、そしてブラジルの「コンセイヨ・ド・オルサメント・パルティシパティーボ」(参加型ガバナンス議会)は、二、三〇年前から大規模な地方分権プログラムを開始している。地方のガバナンスは、しばしば、あらゆる問題に対して奇跡の解決策を提示できるものと見なされている。問題というのは、汚職、住民のニーズと実現されるものとの乖離、不十分な社会サービス、といったことである。

地方分権の利点と弱点

地方分権を肯定的にとらえる議論が存在するが、それは先験的には説得力があるように見える。まず、地方分権によって、市民は政治家を直接監督できるようになる。地方選挙で選ばれた議員たちは、民衆の認可を受けて、公務員の代わりをする。地方議員が民衆の意思で選ばれること、そして選挙による認可を受けることによって、理論的には、汚職が存在する余地は狭くなる。さらに地方のコミュニティのほうが、中央の権力よりも、自分たち自身のニーズをよく理解している。したがって政府が分権化されるならば、たとえば、首都の官僚の想像の世界でしか役に立たないような高額な工事を避けることができる。最後に、マイクロクレジットの事例で見たように、一緒に働くということそれ自体が、コミュニティが連帯感を醸成し、自らを再編成するのを助けることになる。地方分権には、結束を強め、ソーシャル・キャピタルの創造に貢献するという内在的な価値があるのだ。というわけで、参加型プログラム（しばしばコミュニティ主導型開発プログラム、すなわちCDDと呼ばれる）は、しばしば、暴力的紛争の犠牲となった地域において実施されている。それは、インドネシア（われわれはKDPの事例を検討した）のみならず、リベリア、ルワンダ、シエラレオネなどで見られる。

しかし、地元の監督には固有の危険性がある。地方議会が昔からの地元エリートの餌食となり、かれらが再び権力を握るということもありうる。そのような独占支配は起きないとしても、地方議会において、数が少ない人々、立場がより弱い人々（女性のような）に対する多数派の専制支配が始まることになるかもしれない。これらの少数派は、教育を受けて組織化されたエリートが存在するならば、全国的なレベルで自らを組織化し、自分たちの権利が確実に尊重されるようにすることもできるだろう。それはたとえば、インドにおける昔からの不可触民、現在は「指定カースト」と呼ばれている人々の場合に当てはまる。かれらは特別奨学金、そして行政、大企業、大学、議会に設けられた人数の割当のような優遇措置を手に入れることができた。しかし、それぞれの村においては、「指定カースト」の人々は一般的に、他の村人と比べて人数が少なく、力が弱く、あまり教育を受けていない。完全な地方分権が実行されると、かれらの状況は著しく悪化するかもしれない。

他の場合と同じように、参加と意思決定においても、神は細部に宿る。誰が集まりにやってくるのか。誰が発言するのか。誰の声に耳を傾けるのか。意思決定を支配するルールとプロセス、およびそれらの決定が実行に移される方法はどうなっているのか。こうしたことが、選ばれる政策、公共財の配分に対する政策の含意、そして制度に対する市民たちの信頼を考える際に、最も重要になる。少数派の人々が、意思決定のプロセスにおいて自分たちの声が無視されており、多数派の専制支配を受けていると感じるようになれば、C

DDのようなコミュニティによる決定システムは、社会関係の改善につながるどころか、それをひどく悪化させることになるかもしれない。

民衆参加の効率性

発展途上国において分権的な行政の基礎をなしているガバナンス機構は、民衆集会である。そこで予算が提示され、議決される。そこで問題が議論され、市民は自分たちの意見を表明できる。ところが、それらの集会に参加する者は非常に少ない。最も貧しく、最も脆弱な人々となると、他の人々と比べていっそう少ない。かなり以前から「パンチャヤート」が存在しており、どちらかといえば女性の地位が高いと見なされているインドの西ベンガル州においてさえ、村の集会に参加する女性は村人の三二パーセントにとどまっている[16]（一二六人の参加者につき平均で四〇人を数えるのみ）。インドネシアでは、村の人口は数百人に及ぶにもかかわらず、プロジェクトのフォローアップ集会に出席する村人は通常三〇人から五〇人程度であり、その大部分は地元のエリートの出身である[17]。

さらに、貧しい人々や女性たちが集会に出席する際に発言することは、まれである（インドネシアのKDPの集まりでは発言するのは平均して八人にすぎない）。かれらが発言したとしても、それが考慮されることはより少ない。二〇〇の地方議会の議論が記録されて転写されたインドの八つの州において、女性が発話したものは総単語の三パーセントだけである。半分近くの場合、女性たちは集会中に一言も話していない。発言したとしても、そのうち四〇パーセントにおいては、男性議員が攻撃的または無礼な言い方で返答している（男性にも同じような流儀で返答するけれども、それは三二パーセントである）。

地方ガバナンスを一つの事実として定着させようとすれば、最も貧しく、最も弱い人々が参加することが肝心である。そして、かれらの参加に関係する変数を知ることが不可欠である。すでに述べた通り、インドネシアでは市民を正式に集まりに招待するだけで違いが生じた。しかし、市民の単なる出席を超えて、かれらの実質的な参加とりわけ発言を改善するには、どうしたらよいのだろうか。

一つ目の変数は、集会を実施するやり方に関するものである。女性が議長だと、女性たちは発言しやすいだろうか。この質問に答えるのは難しい。というのも、女性たちがまさしく政治生活によりよく統合されていたことが理由となって、女性が議長に選ばれたのかもしれないからである。しかし、女性を優遇するインドのクオータ（人数割当）制は、地元の人々の政治的な選好によって村のリーダーの性別が決められるのではないという点で、一つの興味深い事例を提供している。[18] 一九九三年にインドの憲法が修正され、「グラム・パンチャヤート」というシステムが導入された。それは、一つの村ないし複数の村（住民の数は平均して一万から一万二〇〇〇人である）の行政を担当する地方議会である。それらの議会は五年ごとに普通選挙で選ばれる。「パンチャヤート」は政府から資金を受け、その資金は地元インフラ（学校の建物、灌漑水路、飲料水の導水路、道路など）を建設し、維持するために利用される。同時に、この修正憲法は、すべてのレベルにおいて女性が代表されることを義務づけている。つまり、それぞれの「パンチャヤート」の議員の三分の一は女性でなければならない。そして、それらの議会の議長（「プラダン」）の三分の一は女性でなければならない。選挙のたびに、いくつかの「パンチャヤート」がランダムに選ばれ、そこでは女性だけが議長に立候補できることになっている。

この手続きが採用された理由は、男性たちが議長になりたがらない辺鄙な村だけで女性たちが議長になるのを防ぐためだった。しかし同時に、その手続きは評価を容易にする。というのも、私たちは、女性のための「予約済」の村とそうではない村を並べて比較できるようになるからである。とりわけ私たちは、女性たちの集会への参加の程度を比較することができた。女性が「プラダン」に選ばれた村では、集会の三分の二において、女性たちは少なくとも一度は発言をしていた。女性たちの発言は平均してより長く、彼女たちの要望はより多く受け入れられた。女性の「プラダン」たちは女性と男性を分け隔てなく扱っており、およそ二回に一回は、かれらのコメントに建設的な回答を提案していた。[19] このように、「プラダン」が女性であれば、女性たちの意見はよりよく考慮されている。

しかし、集会に出席しても（さらに議論に参加したとしても）、それだけでは結果に影響を与えるのには十分でない。たとえばインドネシアの道路建設の場合、正式な招待状が配布されると集まりへの参加が一般化し、民主化されるのだが、それで汚職が減少したわけではなかった。集会を補うために、いくつかの村では、コメントを匿名で記入できるアンケート用紙が招待状と一緒に配布された。[20] 汚職と闘うにあたって、これらのアンケート用紙はいっそう有益であることが明らかになったが、それには一つ条件があった。用紙は地元のエリートによってではなく、学校を介して、徹底的に配布されなければならなかったのである。村や町のリーダーが用紙を配布すると、かれらは自分たちの支持者に用紙を委ねてしまうので、アンケートという仕組みの効果がなくなってしまうのだ。

この例は、細部がいかに重要であるかを示している。地方自治と地方分権をめぐる議論は世界各地でさかんに行われているが、何よりも重要なのは、参加の枠組みを形成するルールの細部を考えることである。だからこそ、人々の参加を豊かなものにするために、私たちは理論を超えて、それぞれの参加型民主主義をその固有のコンテクストに引き戻し、それらの具体的な機能について詳しく検討しなければならない。そうしなければ、これらの一般的な概念はただの抜け殻になってしまう恐れがある。

ルールと政策決定

発展途上国における参加型民主主義の標準的な意思決定プロセスは、集会によるものである。しかし、決定のやり方として、それは必ずしも理想的なものではない。インドネシアでは、匿名のアンケート用紙を配布したほうが、集会への参加者を増やすよりも効果的だった。ブラジルでは、腐敗したグループを監査によって排除することができたのは、民衆の投票を実施したおかげだった。市民集会を匿名の投票に置き換えることは、意思決定に対して、またプロセスへの人々の賛同に対して、影響を及ぼすのだろうか。

この質問に答えるために、インドネシアのＫＤＰプログラムでは、ランダムに選ばれた二八の村落において決定方式を変更してみた。[21] 通常の意思決定プロセスは、原則として、一連の集会を実施した後、いちばん最後の集会で二つのプロジェクトが裁定を受けるというものだった。二つのプロジェクトの一つは女性たちが提案し、もう一つはすべての村民が提案するものだった。このプロセスを変更して、最後に集会を実施する代わりに、投票で決めることになった（女性たちが提案したプロジェクトと一般のプロジェクトのどちらがよいかを問う投票である）。投票によって、個々の人々の意見をより幅広く考慮することができた。投票率は平均して六〇パーセントに及び、それは集会に参加する者の二〇倍に及んだ。

しかし、決定方法を変えたことによって、プロジェクトの選択が影響を受けることはなかった。採用されたプロジェクトの種類もその場所も、投票を行った村とその他の村では変化がなかったのである（一つ例外があり、貧しい地域で投票を実施すると、女性たちのプロジェクトのほうがより多く選ばれた）。ただし、村民たちが投票できる場合、ＫＤＰプログラムに対する満足度がより高まるし、村民たちはプログラムに金銭的により多く貢献しようとする気持ちにもなるようだ。プロジェクトのコミュニティに対する適合度が高くなっているかもしれない（村々の総体において建設される道路または衛生施設の数は変わらないとしても、住民たちが実際に道路を希望していた村において道路が建設されることが多くなっているのかもしれない。そして道路をあまり希望していない村では建設されないということになる。透明な方法で意見を表明できることそれ自体によって、たとえ最終的な結果が変わらないとしても、プロセスの正統性が高まるのだろう。

投票制度においても、特別に女性のためのプロジェクトを実施するという原則が維持されたことに注意しよう。国会は、女性のニーズが確実に考慮されるようにするにあたって、ただ投票を行うだけでは十分ではないと見なした。特別な対策がなされなかったとしたら、女性たちに支持されているプロジェクトが投票にかけられることは、おそらくなかったのである。分権的な制度のもとでは、恵まれない集団が声を上げるのは難しい。だからこそ、女性たちの代表権が十分に保障されるように特定のルールを採用することはできる。つまり、インドネシアのように二つの異なるプロジェクトから選択することを義務づけたり、インドのように女性のためのクォータ制を実施したり、といったことである。フランスを含む百以上の国々において、女性が確実に代表されるようにクォータ制が導入されている。いくつかの政府は、少数派を保護するために同じような対策を実施している。インドでは一九四七年の独立以降、少数派(指定カーストまたは指定部族)の政治的な代表権は、それぞれの州の議会、連邦議会、および「パンチャヤート」におけるクォータ制によって保障されている。

こうしたルールは、地方議員の社会的属性(その性別、カースト、あるいは部族)が村議会の決定に直接的な影響を与える、という仮説によって正当化されている。しかし、そのことはまったく自明ではない。民主主義が完璧なものであれば、議員が当選を目指そうとすれば住民全体のニーズを考慮しなければならない。したがって、議員がどの集団に所属していようが、議員が実現させるプロジェクトには影響がないはずである。逆に、権力がエリートに独占されており、地方議員には事実上何の権力もないとすれば、有権者に女性または少数派の代表を選ぶ義務を課したとしても、やはり何の影響もないはずである。インドでは、女性のクオータ政策に反対する論拠として、決断を下すのは女性ではなく、彼女たちの夫だということがよく指摘される（インド人はこのことを示す特別な用語をつくりだした。「プラダンパティ」すなわち「プラダンの夫」である）。というわけで、選挙を拘束するルールが現実に変化をもたらすことができるとしたら、それは、指導者が全能の力を有しているわけではなく、完全に無力というわけでもない時だけに限定されることになる。

女性や少数派のためのクオータ制に実際に効果があるかどうかを知るために、（ラージャスターン州と西ベンガル州の）二つの県において、「参加型資源評価（ＰＲＡ）」に基づく調査が実施された。その評価というのは、村人たちを集め、入手できる材料（石や枝など）を利用して地面に村の地図を描いてもらい、そのなかに村で利用できるあらゆる資源を記入してもらうものだった。このような方法は参加型プランニングにおいてよく使われる。というのも、村人たちは、自分たちが住んでいる場所を地理的に見事に表現できるものだからである。共同で作成されたそれらの図面を見ると、村に存在する施設を非常に詳しく検討できる。そのような地図を紙に転写したものが図6であるが、学校、井戸、灌漑水路、溜め池、そして住宅（山型の記号で示される）を見つけることができる。図面が作成されている間に、調査員は、それぞれの施設がいつ建設されたのか、いつ修理されたのかを村人たちに尋ねていく。この手法によって、「プラダン」が当選してからどのような投資が実現したかを知ることができる。クオータはランダムに割り付けられており、クオータがない場合に当選する女性または不可触民は非常に少ない。したがって、それぞれの村の投資を比較することによって、女性（または不可触民）の議員が投資の決断にどのような影響を与えてきたのかを知ることができるのである。

不可触民の話から始めよう。実現した投資の種類に関しては、不可触民への割当がある村（「プラダン」は

図6　住民が描いた村の地図

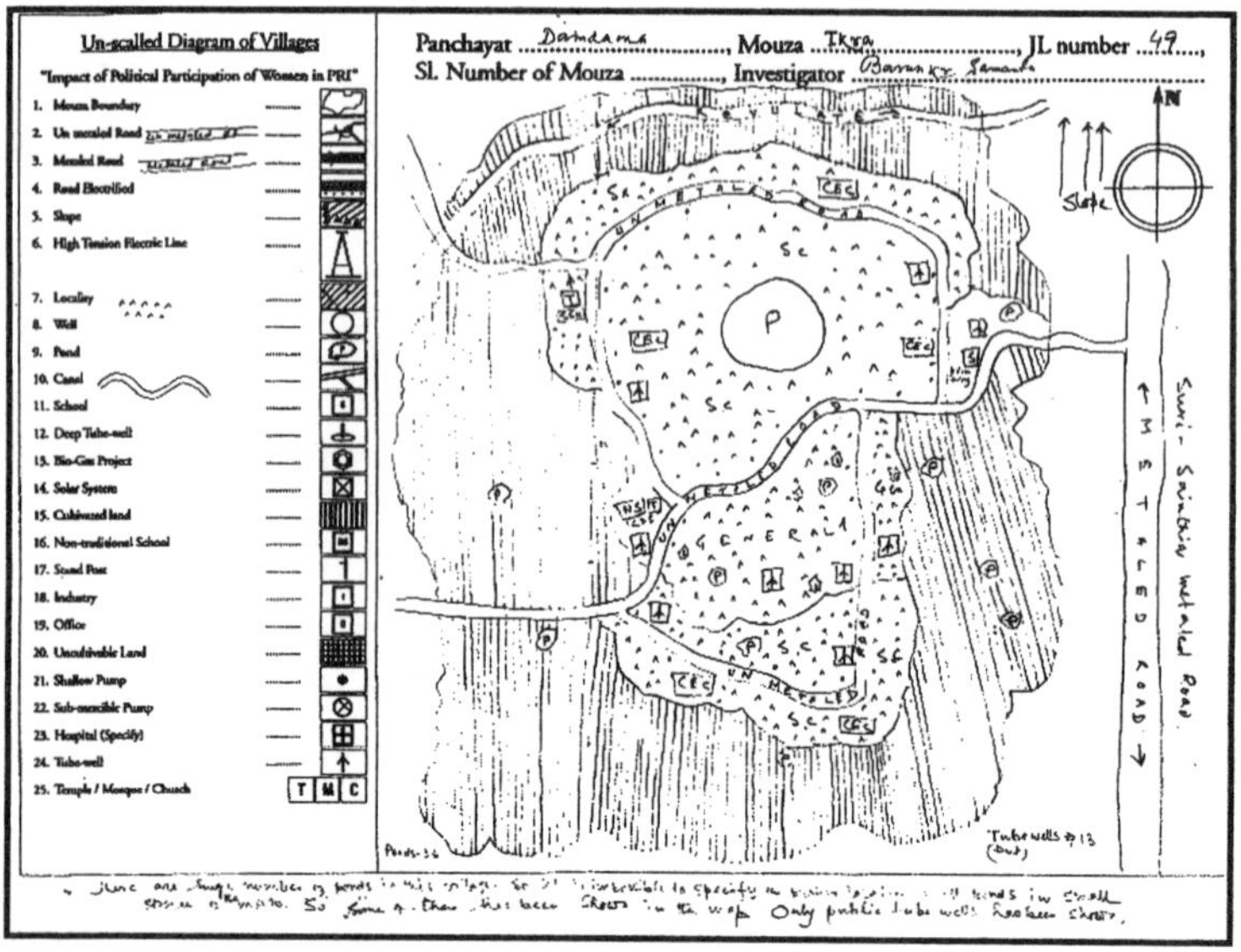

図左：縮尺目盛りのない村の略図「女性の PRI への政治参加のインパクト」
1. モウザの境界線　2. 未舗装道路　3. 舗装道路　4. 電気が通った道路　5. 坂道　6. 高圧電線　7. 居住地域　8. 井戸　9. ため池　10. 水路　11. 学校　12. 掘り抜き深井戸　13. バイオガス・プロジェクト　14. 太陽光システム　15. 耕作地　16. 非伝統学校　17. 街灯　18. 工場　19. 事務所　20. 非耕作地　21. 浅井戸ポンプ　22. 水中ポンプ　23. 病院（特定せよ）　24. 掘り抜き井戸　25. 寺院／モスク／教会

必ず不可触民でなければならない村）とその他の村には何の違いもない。しかし、プロジェクトが実施された場所には大きな影響が見られる。「プラダン」が不可触民だった場合には、不可触民が暮らす地域で実現される投資が一四パーセント増加した。それは「プラダン」の社会的属性が重要であり、「プラダン」は自分の出身の集団を優遇する傾向があることを示している。

女性の場合も同じだろうか。女性たちが権力を行使すると、意思決定は女性のニーズをよりよく反映するようになるのだろうか。この問いに答えるためには、発展途上国の女性の大部分が何を望んでいるかを特定しなければならない。女性たちに直接それを問いかけても、必ずしもよい答えが返ってくるわけではない。というのも、彼女たちが本当に望んでいることではなく、よい母親に伝統的に期待されている答え（子どもの面倒を見るなど）が表明される可能性があるからである。この難関を避けるための別のアプローチとして、女性たちが村の会議に訴え出ている苦情を調査することができる。西ベンガル州では、女性は男性よりも、井戸の状況や道路の質について多くの苦情を訴えている。男性は女性よりも、灌漑ポンプの働きや、予想に反することだが、学校の状況について多く批判している。ラージャスターン州では、女性たちはほとんど飲料水の問題しか訴えておらず、西ベンガル州とは逆に、男性は女性よりも多く道路に関する苦情を訴えている。

したがって、私たちは正確に予測することができる。女性の「プラダン」が女性たちのニーズをよりよく考慮するとしたら、女性が地方の議長を務めている時は、どちらの州でも飲料水に対する投資は多くなり、西ベンガル州では灌漑と学校に対する投資は少なくなるはずである。そして、西ベンガル州の女性に議長が割り当てられている村では、よりたくさんの道路が建設されているはずであり、ラージャスターン州では道路の建設はあまり多くないはずである。私たちが実際に観察してみると、まさにその通りになっていた。この一般のルールの唯一の例外は、女性に議長が割り当てられている村とそれ以外の村で、灌漑に対する投資は同じだということである。

こうした結果は、これらの二つの州に限定されるものではない。インドの二四の州で実施された調査[23]は、この結果が全国に通用することを示している。男性と女性の違いは、時間が経過しても持続する。西ベンガル州の同じ地域において五年後に行われた調査では、新しく――しばしば別の村で――当選した女性たちも飲料水により多く投資し続けており、一般の体制に戻った村で女性の次に当選した男性たちも、その決断を変えないということが証明された。それどころか、それらの地域における飲料水に対する投資は増加し続け

ている。(24)

恵まれない集団が政治的に代表されるように強制するルールは、確かに、かれらに有利になるように力関係を変えることができる。したがってクオータ制は福祉に有利にはたらく、と結論づけてよいのだろうか。必ずしもそうではない。というのも、それは一つの集団（多数派）からもう一つの集団（少数派）への再分配だからである。女性たちが政治的なプロセスに関する意見を述べられること、そして彼女たちのニーズが考慮されることは公正なことだと考えられる。しかし、それによって社会的な福祉が改善されることを証明するのは不可能である。女性たちは男性たちを犠牲にしてクオータ制の受益者になっているのであり、それによって福祉が改善しているかどうかは、井戸、道路、または学校の相対的な重要性に依存する。したがって、それは社会的選択の問題である。この問題に関して意見をもつことは研究者の自由であるけれども、その意見の正しさを、男性と女性の「プラダン」が行った投資の単なる観察によって科学的に証明することはできない。

私たちは、女性は男性よりもうまく議長の職務を務めていると（またはその逆であると）証明することはできない。とすると、政府が男性または女性だけに投票するように有権者に強制することでかれらの自由を制限することは、正当で望ましいことなのだろうか。市民たちが女性の「プラダン」を嫌がっていることは明白である。なぜなら、クオータ制がない場合、女性は「プラダン」の七パーセントを占めるにすぎないからである。クオータを強制することは、分別によって民主主義を制限できる場合もあることを承認することを意味する。

クオータ制を支持する第一の論拠は、平等と社会的正義に関係するものである。女性の「プラダン」は女性に有利になるように資源の再分配を行う。そして、女性たちにもまた自らが望む公共財を手に入れる権利があるというのは、正当なことである。しかし、そのような制限を効率の観点から正当化することも可能である。有権者が女性の「プラダン」を選ぶように強制するならば、潜在的な候補の半分を犠牲にすることを避けられるので、ガバナンスの質が改善する可能性がある。すべては、有権者たちが女性を自発的には選ばないのはなぜかに依存する。女性に対する深刻な文化的反発が理由なのであれば、一時的なクオータ制が恒久的なインパクトを及ぼす可能性は低い。しかし、女性は政治的にあまり有能ではないという、その時限りの偏見が理由になっているのかもしれない。女性は男性と同じように有能であると市民が納得すれば、女性に票を入れることに同意するようになるかもしれない。クオータ制を導入すれば、有権者に一度体験してみるように強制することになり、その結果として女性の政治的有能さに関する人々の意見が変わるかもしれない。支配的な社会規範が根本的に変わるわけではないにしても、そうなれば、将来の選挙における人々の行動に影響を与えるかもしれない。

クオータ制によって女性蔑視を緩和することができるか

というわけで、二つの仮説と一つの未解決の問題がある。まず、クオータ制は、女性に対して権力から離れたところにいるように命じる社会規範には影響を与えない。しかし、女性の有能さに対する認識には影響を与えることがありうる。したがって、クオータ制が選挙における女性のパフォーマンスに与える効果は不確定である。この効果は、有権者の選択における上記の二つの要因の重みに依存するだろう。

この二つの仮説を検証するには、この二つの形態の差別の強さを計測しなければならない。ただし、質問を受ける者は、自分たちが本当に思っていることではなく、政治的に正しいことを述べる恐れがある（たとえば米国では、自分がレイシストであることを率直に認めるのは、趣味がいいことではない）。逆に、政治家としての女性に関する質問を受けると、それをきっかけにクオータ制の悪口を言い始める者がいるかもしれない。このメカニズムは最大限に機能しているように見える。インドにおいて政治の世界にいる女性についてどう思うかと尋ねると、クオータ制が実施されている村の住民のほうがより大きな反感を表明するのだ。それは、女性の「プラダン」が実際に失敗しているせいなのだろうか。それとも、単に全般的で抽象的な否認を表現しているということなのだろうか。これらをどうやって区別したらいいのだろう。

この区別のために、ハーバード大学の心理学者マザリン・バナジを中心とするチームは「潜在連想テスト」[25]という独創的な道具を開発した。この演習は、もともと他の人種に対する偏見を明らかにするために作成されたものだが、多かれ少なかれ公然とした（とりわけ公然と語りうるような）あらゆる選好を計測できるように改変することができる。これは、私たちの無意識の態度を反映する「瞬間的判断」の力と、私たちの人間の脳が特定の概念を連想する際のやり方を利用したものである。テストはパソコンで行われ、被験者はまず、画面に出てきた言葉を、キーボードのキーを押しながら画面の左側または右側に移動させることで、分類しなければならない（たとえば、ある分類は善を表現し――出てくる言葉は「美」「愛」「友情」「花」など――、別の分類は悪を表現する――出てくる言葉は「苦痛」「涙」「死」など）。次に画像が表示され（たとえば、黒人や白人の顔）、被験者はさらにそれらを分類しなければならない（白は右、黒は左、またはその逆）。第三の段階では、概念と顔が交互に表示されるので、さらに分類を行わなければならない（黒人の顔は左、白人の顔は右、善の概念は左、悪の概念は右）。

課題は非常に単純で曖昧さがなく、被験者はそれをできるだけ早く実行しなければならない。唯一の困難は、一つの分類作業からもう一つの分類作業に交互に移行することである（白と黒から善と悪、など）。このテストの着想は、被験者が無意識のうちに白から善を、黒から悪を連想するとしたら、（被験者にとって）合致するものどうしが画面の同じ側にあればより簡単に分類ができるという事実に基づいている。たとえば白と善が左側にあり、黒と悪が右側にあれば（そしてその被験者が無意識のレイシストであれば）、課題をより早く達成することができるのである。すべての被験者がこの演習を二回繰り返す。一回目は一つの向き（白と善が同じ側）で、二回目は逆の向き（白と悪が同じ側）である。二つの課題の順番はランダムに選ばれるので、白が右になるか左になるかもランダムに選ばれる。そして、反応時間は千分の一秒単位で計測される。被験者が同じ側に善と黒を分類するのにより長い瞬間を必要とするかを計測するわけである。このテストはきわめて敏感である。演習を意識によってコントロールするのは難しい。テストの原則を知っており、自分がレイシストであることを絶対に認めたくない人であっても、潜在的に黒人に対する不信感を抱いているなら、黒と善が同じ側に位置していると、課題の達成により長い時間がかかってしまう。

ということで、私たちは、政治における女性に対する偏見の有無を見極めるために、このテストを改変することにした[26]。字が読めずにパソコンになじみが少ない人でも実行できるバージョンを開発することが、必要になった。できあがったテストは完全に音声のみで、かつ視覚的なものになった。善悪を表す言葉が録音され、パソコンのスピーカーから流れる。画像は、演壇に立っている男性と女性を表している。調査の対象者は、ジョイスティックを利用して概念と画像を画面の左側または右側に分類していく。テストはすでに子どもを対象として実施されたことがあったが、字が読めない大人のグループを対象として試されたことはなかった。驚くべきことに、今回のコンテクストにおいて、このテストはとても効果的であることがわかった。男性が女性の政治家に対して強い偏見を有していること、およびそれとは対称的に、それほど鋭敏なものではないにしても、女性たちが男性の政治家に対して偏見を有していることが明らかになったのである。そして、私たちが予測した通り、クオータ制はこのような形態の差別には何の影響も与えていなかった。

有能さの認知についてはどうだろうか。ここにおいても、女性の有能さに関する本当の見解を見極める道具が必要であった。そのために、私たちは会議で「プラダン」が行った演説を選び、何人かの男女に読み上げてもらって録音した。テストの際には録音テープがランダムに選ばれ、参加者の半分が女性が読み上げたものを聴き、他の半分は男性が読み上げたものを聴くことになったが、もとの文章は同一のものだった。録音テープを聴いた後、参加者は一連の質問に回答した。「プラダン」は自分に向けられた質問にきちんと答えていたか、彼（彼女）は有能か、彼（彼女）がいま提案した予算案に賛同できるか、といった質問である。女性が読み上げた演説を聴いた参加者が、男性が読み上げた演説を聴いた参加者よりも演説を低く評価する傾向があるとすれば、このテストによって、経済学者が「統計的差別」と呼ぶもの、つまり、一つのこと（この例では「プラダン」の性別）以外については情報はまったく同じなのに評価が分裂してしまうことが明るみに出るだろう。

「プラダン」が女性に割り当てられたことがない村では、女性に対する強い統計的差別が見られる。女性の演説は、とりわけ男性によって、男性の演説よりも低く評価される。しかし、クオータ制のおかげで「プラダン」の女性がいた村では、この差は消滅する。そして男性の間では完全に逆になる。それらの村では、男性は女性の演説を男性の演説よりも高く評価するのである。

結論としては、クオータのおかげで女性の「プラダン」を経験した男性たちは、指導者は男性のほうがふさわしいという深い選好を変えることはないにしても、女性は政治的に無能だという偏見はもたなくなる、ということができる。結局、クオータがなくなった後、男性たちは以前よりも強く、女性に票を入れてもいいと思うようになっているのだろうか。確かにそうなっているようだ。図7は、「オープンな」（女性への割当がない）村で「プラダン」または地方議会の議員に当選した女性の割合を示している。女性の割当を二度

図7　**地方議会選挙の候補者と当選者に占める女性の割合**

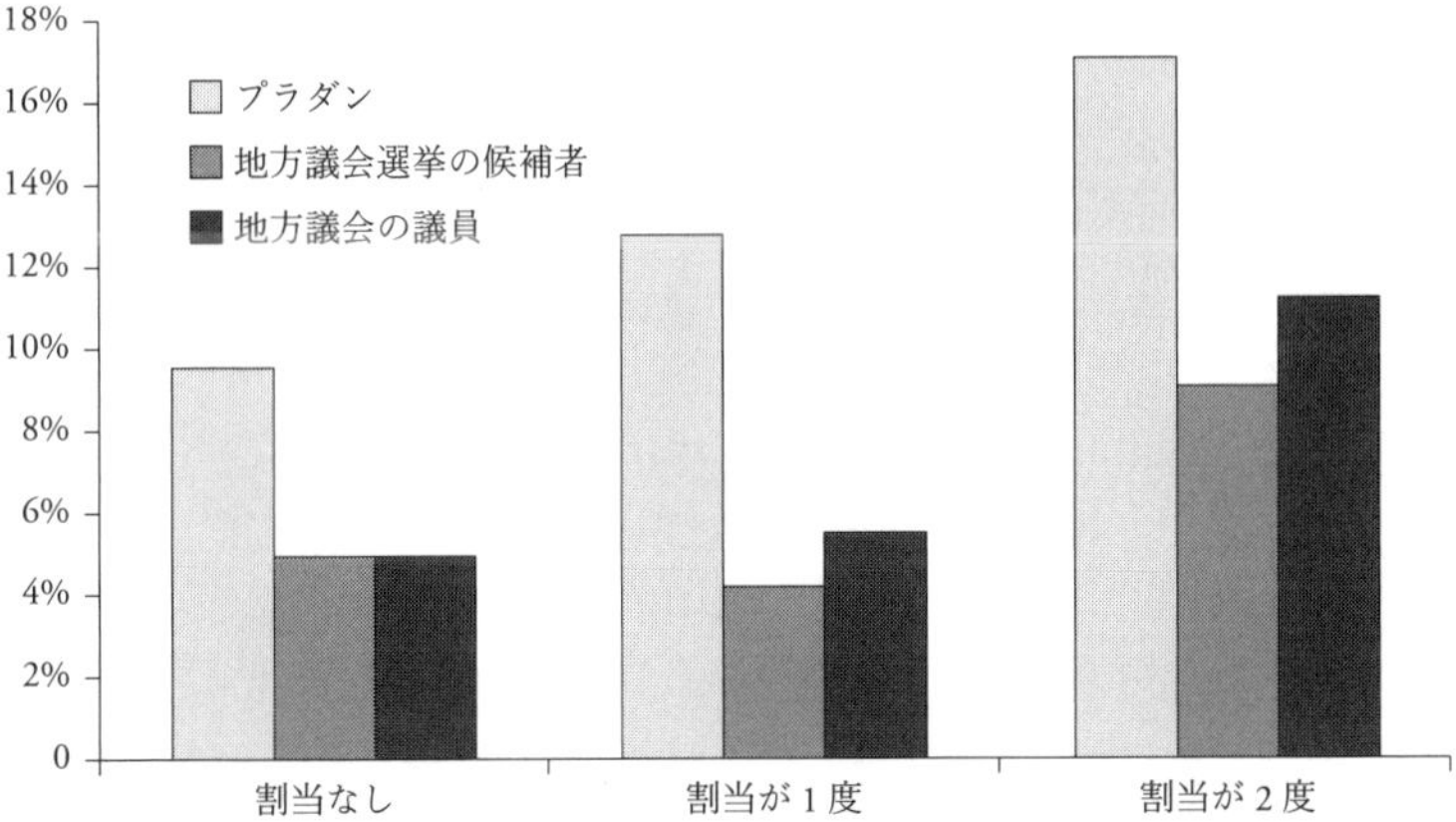

経験した村では、女性の当選者が二倍になっている。こうした結果は、際立ったやり方で、クオータの原理を正当化する。クオータの原理のおかげで、偏見がかなり定着している住民たちも、政治的な才能の半分を犠牲にしないですむようになるのである。

能力か、イデオロギーか

女性に関する具体的な事例を超えて、クオータが人々の考え方や投票行動に与える影響を考察することによって、政治行動の成熟度が明らかになる。有権者が投票する際には、自分たちの偏見や社会的な規範を乗り越えて、経験によって学んだことを考慮して判断を下すことができる。したがって私たちは、発展途上国の政治を、カースト、エスニック・グループ、縁故主義に支配されたお芝居として描き出すような、あまりにも素朴な見方を追い払わなければならない。

もちろん、そのような変数を考慮に入れなくてもいいというわけではない。レナード・ワンチェコンがベナンで行った実験は、エスニシティという要因が確かに決定的な役割を果たしていることを示している[27]。ワンチェコンはベナン人であり、かつては民主化の闘士であり、現在はプリンストン大学の政治学教授である。彼は今でもベナンの各方面の政党の幹部と関係があるが、この絆は、現在はライバルどうしの政治指導者たちが共に独裁者と闘った時代に結ばれたものである。そのおかげで、ワンチェコンは比類のない実験を実行することができた。計画を成し遂げるために、四人いる候補者のなかの一人が大いに優勢だった八つの選挙区が選ばれた。それぞれの選挙区のなかで二つの村が選ばれ、片方の村ともう片方の村のために、内容がまったく異なる二種類の政治的メッセージが準備された。これらの演説は、選挙結果に影響を与えないように、選挙区で圧倒的に強い候補者の集会の際に読み上げられた。

半数の村では、村人は次のような「縁故主義的な」メッセージを耳にすることになった。

私たちは、二〇〇一年三月三日の選挙に立候補するサカ・ラフィアの広報担当チームです。ご存じの通り、サカは、一九六〇年以降初めてかつ唯一のバリバ人の候補者です。サカが立候補したのは、北東地域の発展が遅れているからです。この地域は識字率が低く、インフラも保健センターもたいへん貧弱です。サカが当選すれば、学校、病院、道路を建設し、とりわけ地方行政にバリバ人を採用することで、ボルグ・アリガリ地域の利益を守るでしょう。

他方、残りの半数の村では、村人は国民統合のメッセージを耳にすることになった。

私たちは、サカ・ラフィアの広報担当チームです。私たちの政党ＵＳＤは、民主主義と国民の連帯を擁護します。サカは野党から立候補しています。彼が当選すれば、学校と病院の建設、そして予防接種キャンペーンに力を注ぎ、教育と公衆衛生のシステムの全国的な改革に取り組むでしょう。私たちは野党の他の指導者たちと合意を結び、汚職と闘い、すべてのエスニック・グループの平和、ベナンのすべての地域の平和のために闘います。

縁故主義的な演説は、まるでパロディーのように聞こえるかもしれない。しかし、それは多くの票を獲得できる方法である。縁故主義的な演説が読み上げられた村々では、候補者は八〇パーセント以上の票を獲得することができた。国民統合の演説が読み上げられた村々では、得票は七〇パーセントにとどまった。

このようにエスニックな特質を偏重する傾向が強まると、候補者の質の悪化をもたらす可能性がある。というのも、全員が腐敗しているのだとしたら、他の氏族の詐欺師に投票するよりも、自分の氏族の詐欺師に投票したほうがましだからである。少なくとも、自分の氏族の詐欺師は獲物を分けてくれるだろう。インドの地域主義政党やカースト政党の伸張は、汚職の増加に加えて、政治の犯罪化までもたらすことになった。無視できない人数の議員たちが、かなりの犯罪歴を誇っている。ウッタル・プラデーシュ州首席大臣のマヤワティは、この逸脱を典型的に示している。低カーストの女王である彼女は、「全国」政党（中道左派の国民会議派および右派のインド人民党）を抑えて、不可触民の政党である大衆社会党（ＢＳＰ）の党首として首席大臣に選ばれたが、そのときの彼女のスローガンは、「私たちが投票してあなたたちが決めるなんて、もうたくさん」だった。当選後の彼女は、汚職と、飛行機および自分の銅像への偏愛によって、地元紙と全国紙の見出しを飾るようになった。

しかし、これは宿命なのだろうか。エスニックな選好は、必ず、能力と誠実さを脇に追いやってしまうくらいに強いものなのだろうか。そんなことはなさそうである。「カーストを基準にするのではなく、本当の問題を重視して」候補者を選ぶように、ウッタル・プラデーシュ州において有権者に呼びかける簡単なキャンペーンが行われた結果、カーストによる投票は減少した。(28) 有権者が候補者の質について情報を得ている場合は、人々はそれに応じて投票するのである。ニューデリーで実施された実験が、このことを証明している。(29) 地元NGOのSNSは、それぞれの政治家が行った仕事に関する信頼できる情報を得るために情報請求権を利用した。議会に何日間出席したか、自分の裁量的資金を使ったか、自分の選挙区でインフラを建設するための資金を獲得したか。これらのデータは原則的に公開されるはずなのだが、一般の人々が手に入れることは現実には絶対に不可能である。SNSは、これらの情報に基づいて各候補者のプロフィールを作成し、ヒンディー語の有力な日刊紙『ヒンドゥスタン・タイムズ』に掲載してもらった。次にNGOのネットワークが、投票所のサンプルで、この新聞を無料で配布した。残りの投票所が対照群を構成した。

選挙の結果を見ると、このキャンペーンの効果が証明された。情報が拡散された投票所では、最も腐敗した候補者への投票が減少した。さらに、カーストによる投票の偏りも減少した。つまり有権者は、腐敗した候補者、あるいは自分と同じカースト（または同じエスニック・グループ）の候補者から得られると期待できる即時的な利益よりも、候補者の能力のほうを重んじる用意があるわけである。しかし、そのためには情報へのアクセスが存在しなければならない。情報請求権を守るための法律、そしてSNSのような機関の存在は、民主主義を生かすための貴重な道具である。エスニックな投票は宿命ではない。

ガバナンスと、貧困に対する闘い

劣悪なガバナンスと汚職のいちばんの被害者は、最も貧しい人々である。かれらは地方のサービスの貧弱さに悩まされており、権利として受け取るべきものを受け取ることができないでいる。中央から最も遠くに位置する水準においても、貧困と闘う政策を生かすには、グッド・ガバナンスが不可欠である。乳幼児の栄養に関する最も優れたプログラムがあったとしても、それを実施する看護師がいなければ、その恩恵を受ける人たちと実際にそれを必要とする人たちが一致しているのでなければ、何の効果もない。ガバナンスに関する国際的な言説を支配するのは、民主主義、透明性、地方分権といった大きな概念である。しかし、地方の水準においてグッド・ガバナンスを実現するためには、民主主義が必要十分条件だというわけではない。インドがその最も明白な事例である。この世界最大の民主主義国は、一定の歳入があるにもかかわらず、社会が貧しい人々に約束できるはずの基本的なサービスを提供できていない国の一つでもあるのだ。

民主主義の真のパラドックスがここにある。民主的な社会では貧しい人々がよりよく代表されているのだから、民主的な社会のほうが、それ以外の社会よりも、平等と公正という目標を目指していく可能性が高い。しかし、これらの目標は、市場の自然な機能とぶつかり合うことで不安定なものになるかもしれない。すでに述べたように、まさにこの両者がぶつかる空間において、汚職が繁殖するのである。この緊張は避けられないのであり、私たちは汚職が消えるように願うだけで、あるいは民主主義が汚職を根絶するまで待つだけで、満足してはならないのだ。ここでも万能薬は存在しないが、劣悪なガバナンスと汚職によって発展の努力が水泡に帰するのを避けるための手がかりは、たくさん存在している。

まず、厳密なルール、監査、インセンティブ、そして選挙がもたらす厳格な規律によって、汚職をコントロールすることができる。さらに政治代表のルールは、短期的にも（直接的なやり方で）、そして中期的にも（人々の認識を変えることで）結果に影響を与える。したがって地方政治の質は、その枠組みをなすルールの細部に注意することによって、改善させることができる。最後に、民主主義国家においては、エスニックな投票は宿命的なものではない。ブラジルからインドまで、すべての事例が示しているように、有権者は無能な者に制裁を与え、有能な者に報いるのである。

こうして、いま述べたばかりの議論、すなわち、貧困との闘いのためにグッド・ガバナンスが一義的に重要だ、という命題は逆さまになる。つまり、グッド・ガバナンスのために貧困との闘いが不可欠だ、ということにもなるわけである。ベナンの貧しい人々が、すべての村に病院と学校をつくることを約束する普遍主義的な言説に背を向ける一方で、自分たちのエスニック・グループに行政の仕事を確保してくれる言説のほうを好むのは、かれらがお金で動くからではない。不確実な病院のベッドよりも確実な雇用を選ぶからでもない。それは、かれらが普遍主義的なメッセージを信じなくなったからである。気前のよい一般的な言説は、空っぽに響く。しかし、本物の成功が証明されれば、それは人々の投票行動に影響を与える。最も貧しい人々の生活に具体的な効果を及ぼすような単純で効果的な介入を特定するために、絶えず実験を繰り返すこと。それこそが、公正な社会と喜びに満ちた市民生活を実現するために不可欠な条件なのである。

第Ⅱ部の結論

私たちは、多かれ少なかれ善意によって動いている使徒たちが規則的に訴えるところに従って、貧困に対する闘いを貧しい人々自身に委ねてしまってもいいのだろうか。そうしなければならないのだろうか。第Ⅱ部で検討してきた二つの領域——クレジットとガバナンス——が示した通り、この新しいスローガンはナイーブであり、潜在的には危険である。起業と福祉に対するマイクロクレジットの効果は現実に存在するが、控えめなものである。まだよく理解できていない理由のために、貧しい人々は、たとえオファーを受けたとしても、突然の病気、天候上のリスク、農産物価格の変動に対する保険に加入しようとはしない。政治家が汚職に手を染めたことがわかった場合、市民は、このような人物に制裁を科してもいいと思ってはいるが、そのための情報を得ようとして自分から動こうとはしない。

だからといって、貧しい人々が貧困に捕らわれた受動的な存在だということにはならない。それどころか、貧しい人々は、安楽な生活の繭に守られている私たちの一千倍ものイニシアチブをとるように強いられているのだ。かれらは、たいていの場合、自分の農場や小企業の持ち主であり、その活動にかかわるすべての決断を下さなければならない。ペルーでは都市部の貧しい人々の六九パーセントが小企業を営んでいる。データを分析できた他の一二の国々では、その割合は五〇パーセント前後である。[1] これと比較すると、OECD諸国の自営業者の割合は一二パーセントでしかない。貧しい人々は、さらに多くの（健康、機構、犯罪にかかわる）リスクに直面しているが、それらに対して十分な保護を受けることができないでいる。リスクに備えるために、かれらの金融ポートフォリオは、株は含まれていないにしても、たいてい私たちのものよりもはるかに複雑なものになっている。そこでは数多くの非公式取引が交錯しており、かれらは借り手であると同時に貸し手でもある。[2]

しかし、こうした高水準のイニシアチブは、望まれたものというよりは、強いられたものである。これらのリスクがかれらに課しているストレスは非常に大きい。（貧しい国にいるか、豊かな国にいるかを問わず）貧しい人々は、豊かな人々よりも鬱状態になりやすい。牧歌的な田舎生活のイメージとはまったく違うのである。[3] いくつかの国で調査員たちは、自分の子どもにどんな希望を抱いているか、人々に尋ねてみた。最も多かった回答は、給料をもらえる職業に就いてほしい、できれば公務員になってほしい、というものであり、学校と教育はそのような職業の入り口だと認識されていた。そして実際に、貧しい国々の最も貧しい人々（一日一人あたり二ドル以下で暮らしている者）の生活と、貧しい国々の中産階級（一日一人あたり二ドルから一〇ドル）の生活を比べてみると、それらの生活の差異は、後者のほうが安定した職業に就いているのに対し、前者は自営または日雇いの仕事に依存しているという事実によって、説明できることが明らかになっている。また、最貧層よりも中産階級のほうが家計のなかのより大きな部分を子どもたちの健康と教育に支出しているが、おそらくそれは、中産階級の状況のほうが相対的に安全であり、未来のための投資というぜいたくが許されているからである。

逆説的なことに、社会が豊かになればなるほど、そのメンバーが日常生活にかかわる重要な決断を下す際に、社会のほうが面倒を見てくれるようになる。メキシコのように中程度の債務を抱えた国でも、緊急入院は無料、あるいは自治体の負担である。インドの貧しい人々にとっての選択は、多くの場合、手術を諦めるか、病院に手術代を払うために大きな借金を抱えるかである。同じように、最も貧しい国で暮らしていても、給料をもらえる職業に就くことができていれば、健康保険や、退職後の生活のための積立金などがついてくる。したがって貧しい人々は、最初から二重の不利な条件に直面していることになる。まず、自分の人生が複雑で不安定であるために、日常生活について落ち着いて考える時間も、エネルギーも、なくなっている。さらに、今日圧倒的な影響力をもっているテキストでは、かれらはいっそう多くのことを決断するように要求されているのだ。貧困問題を解決するために貧しい人々により多くの責任を委ねるべきだという観念は、私たちが述べてきたようなコンテクストでは、不合理なものに見える。

もちろん、だからといって、貧困との闘いにおいてマイクロファイナンスが果たす役割が存在しないということではない。融資へのアクセスによって、すでに事業を有している者、あるいは事業を始めようとしている者の生活が容易になることは確かである。最も貧しい人々のニーズに適合する保険と貯金のサービスをどのように提供すべきか、熟考してみる必要がある。しかし、これらのマイクロ事業から明日の「マイクロソフト」が飛び出してくると考えるのは、幻想にすぎない。最も貧しい人々が金融サービスにアクセスできるようになったとしても、それが、より大規模な事業の出現を可能にするような開発政策の代理になるわけではない。

マイクロファイナンスは、教育へのアクセスを保証し、質の高いインフラと保健サービスを創りあげるような公共政策の代理を務めることはできない。貧しい人々が十分に豊かになり、自分自身でそれらのサービスを購入する余裕がでてくるのを待っているわけにはいかないのである。とすると、政府はそれらのサービスの質をどうやって保証すべきか、という問いが生まれる。本書の第I部「人間開発」では、健康と教育における様々な介入の効果について考察してきた。しかし、何をなすべきかが正確にわかったとしても、汚職と劣悪なガバナンスが努力を台無しにしてしまう恐れがある。ここにおいてもまた、貧しい人々は、それらのサービスを組織化する最良の方法について発言することができるし、そうしなければならない。

汚職を根絶するためにはコミュニティに権力を与えるだけでは十分ではない、という事実が残る。社会が市場の働きを修正し、別のやり方で資源を配分しようとする際に、汚職は自然と現れてくる傾向がある。そして、地元の監督は、汚職に対する奇跡の解決策にはならないのである。貧しい人々がそれを得るために闘いたくなるような高品質の公共財を供給することが、最初の一歩になるかもしれない。しかし、貧困との闘いを持続させようと望むならば、試行錯誤、創意、そして根気が不可欠である。これらは、存在しない魔法の杖を見つけるためではなく、今日からでも最も貧しい人々の生活を改善するような一連の小さな前進を実現させるために、不可欠なのである。

訳者解説

直接は関係ないことから話を始めたい。二〇年ほど前、訳者のひとり（峯）がオックスフォード大学の図書館で調べ物をしていたとき、一九四六年に出版された変色した薄いパンフレットが目に留まった。タイトルは『支配か、協力か』。イギリス労働党の国際派「フェビアン社会主義」グループの印刷物である。

フェビアン社会主義という名前は、持久戦で知られるローマのファビウス将軍に由来する。かれらは、かつてイギリス労働党内で影響力が強かったソビエト社会主義の潮流とは一線を画す独立社会主義者のグループだった。シンボルマークはゆっくり着実に歩く「亀」である。著名な指導者には、ロンドン・スクール・オブ・エコノミクス（LSE）を創設したウェブ夫妻、劇作家のバーナード・ショーなどがいた。キリスト教社会主義、ケインズ主義、無政府主義、二〇世紀後半になると自主管理社会主義から毛沢東主義に至るまで、貧困撲滅と平等主義を志向する潮流から貪欲に学ぼうとする「ごった煮」的なところが、フェビアン社会主義の大きな特徴だった。

このパンフレットは、同グループが一九四六年四月にエセックスで開催した国際会議の記録だった。その背景には、第二次世界大戦後、アジア・アフリカにおいて植民地の独立の機運が盛り上がるにつれて、ヨーロッパの社会主義者たちが植民地の民族主義知識人との連携の道を模索し始めたという状況があった。当時のイギリスは労働党のアトリー政権の時代だったので、フェビアン社会主義者たちは、大英帝国解体期のイギリス与党のブレーンでもあった。

この国際会議の主賓として演説したのが、英領ゴールドコーストの民族主義者クワメ・ンクルマである。彼はこう述べた。「ひとの手足を束縛することはできるが、心を縛りつけることはできない。すべての歴史的必然の背後には、公正がある。植民地世界の諸制度は撤退するかもしれないが、植民地人民には撤退すべき場所などない。ただ一つの叫びあるのみ。「帝国主義を打倒せよ」」。ゴールドコースト植民地では一九五一年に議会選挙が実施され、ンクルマは獄中から立候補して当選した。同植民地がガーナ共和国として一九五七年に独立すると、ンクルマは初代首相に就任することになる。

さて、ンクルマに続いて、この国際会議の仕掛け人であるフェビアン社会主義者W・アーサー・ルイスが登壇した。パンフレットによると、ルイスはこう語ったと記録されている。

> フェビアン社会主義者は、一般的な原理原則には関心がありません。かれらが関心を寄せるのは具体的な問題です。何かをやりたくてうずうずしているフェビアン社会主義者はイズリントン〔ロンドンの行政区〕に行き、地元の洗濯場を訪れて、洗濯場の制度のどこが間違っているか、それを改善するために自治体には何ができるかに関する真っ赤な報告書を作成して戻ってくるのです。そこに植民地出身の政治家がやってきて、人類の正しさと過ちの一般原理について雄弁な演説をします。するとフェビアン社会主義者は、もどかしそうに遮ります。「そう、その通りです。しかし、あなたの国の洗濯場はいったいどうなっているのですか」。

アーサー・ルイスは、カリブ海の英領植民地セント・ルシア出身のアフリカ系人であり、奨学金を受けてロンドン・スクール・オブ・エコノミクスで学んだ。マンチェスター大学の講師となったルイスは、一九五四年、発展途上国のいわゆる二重経済のメカニズムを明らかにする「労働の無制限供給下の経済発展」モデルを発表し、これらの業績によって、七九年にノーベル経済学賞を受賞することになる。ガーナの独立後は、ンクルマ首相の経済顧問も務めている。戦後の開発経済学の発展にとってルイスの貢献は決定的であり、ときに「開発経済学の父」とも呼ばれる。

ここでルイスの発言を紹介したのには、理由がある。このルイスの「洗濯場」のエピソードが、開発経済学という学問分野の核心に迫ると同時に、本書の著者エステル・デュフロ氏のアプローチの特徴をうまく表現しているように思われてならないのだ。二〇世紀の植民地の独立、二一世紀の貧困の根絶といった課題の大切さは揺るがない。しかし問題は、一般的な原理原則を語るだけでは現実は変わらないことである。理想は必要条件だけれども、十分条件ではない。本書の舞台は、ケニアやメキシコ、インドや南アフリカの小学校、診療所、村の商店、女性たちの集会場、道路の建設現場といった場所であるが、デュフロ氏にとっては、これらがすべて、ルイス流に言えば「イズリントンの洗濯場」である。理想を実現するための処方箋は、具体的でなければならない。

経済学の「経済」という言葉は、もともとは「経世済民」という言葉に由来するという。日本の幕末の知識人は、西洋の経済学（ポリティカル・エコノミー）が「世を治め、民を救う」ための実践的な学問であることを見て取り、それに対応する儒教の用語を当てたわけである。開発経済学は、貧困という病の撲滅を目的とするような、社会を対象とする臨床医学だと言えるかもしれない。ちなみに、デュフロ氏の母は小児科医、父は有名な数学者である。デュフロ氏は、自分が内戦下のチャドではなく、パリでプロテスタント左派の中産階級の家庭に生まれたこと、その事実がまったくの偶然にすぎないことに、子どもの頃から責任を感じていたのだという。彼女のまっすぐな献身の情熱は、著作『根をもつこと』で知られるフランスの哲学者シモーヌ・ヴェイユの思想を想起させる。

＊

さて、本書の原典は次である。Esther Duflo, *Le développement humain: Lutter contre la pauvreté* (I), Paris: Seuil, 2010; ditto, *La politique de l'autonomie: Lutter contre la pauvreté* (II), Paris: Seuil, 2010. フランスの学術出版社スイユの La République des idées（思想の共和国）というブックレット・シリーズに収録されたもので、上下二巻で構成される。それぞれ薄手の本なので、日本語版では一冊に統合して二部構成とした。原書における「第1巻」の言い回しはすべて「第I部」に置き換えていることをご了承いただきたい。

本書の著者のエステル・デュフロ氏は、生まれも育ちもフランスであるが、現在は米国のマサチューセッツ工科大学（MIT）で教えている。フランスの経済学者としてはトマ・ピケティと並ぶ世界的なスターである。デュフロ氏の一般向けの書物としては、すでに、アビジット・V・バナジーとの共著『貧乏人の経済学――もういちど貧困問題を根っこから考える』（山形浩生訳、みすず書房、二〇一二年）が邦訳されている。本書は、もともと『貧乏人の経済学』の一年前に出版されているので、実際には、本書の内容が『貧乏人の経済学』に組み込まれる形になっている。デュフロ氏の単著と共著の違いに気をつけて二つの本を読み比べてみるのも面白いだろう。訳者としては、バナジー氏とデュフロ氏の共著のほうが「人情味」が濃いのに対して、本書のほうがより純粋に「科学と使命感で押していく」ような印象を受ける。本書はフランス開発庁（AFD）のために実施された講演の原稿に基づいており、そこにはフランスの開発援助の改善に貢献するという明確な目的があったという事情もあるだろう。

本書の特徴は、何よりもまず、ランダム化比較実験（RCT）の手法を駆使しているところにある。この統計学の手法は臨床医学の分野で一般化したものだが、近年、社会科学の分野でもさかんに応用されるようになってきた。重要なので、少し説明しておきたい。

ある特定の悪性腫瘍に対して効果があると期待される新薬が、実験室で開発されたとしよう。効果が期待されてはいるが、どの程度の効果があるのか、そもそも効果があるのかないのか、調べてみないとわからない。準備プロセスを経て、この腫瘍を抱えている患者を対象として効果を確かめる段階になった。まず、治験に協力してくれる患者を集め、ランダムに（無作為に）くじ引きをして、患者をAとBの二つのグループに分ける。くじ引きによって分けたのだから、グループの人数が多ければ、AとBの性質はよく似ているはずである。たとえば、片方のグループのほうが高齢者が多いとか、女性が多いとか、喫煙者が多いとか、高カロリーの食事が好きな人が多いとか、そのような偏りは見られないことになる。平均的には、二つのグループは「同じ」だと見なすことも許されるだろう。

そして、Aには新薬を与え、Bには偽薬（プラセボとも呼ばれる）を与えて、経過を観察する。Aが（処置を行った）実験群で、Bが（処置を行っていない）対照群である。腫瘍が縮小ないし消滅した患者がAでは三〇パーセントで、Bでは一〇パーセントという結果が出たとすると、この差の二〇パーセントが新薬の効果だということになる。他方、AでもBでも腫瘍が縮小した患者が同じ一〇パーセントという結果が出たら、薬には効果がなかったことになる。薬を投与したかしなかったかという点を除けばAとBのグループの性格は同一なのだから、薬の効果だけを厳密に確かめることが可能になるのだ。

医師が「この患者には効きそうだ」と考える患者だけを対象に薬を試したり、投与を希望する患者だけを対象に試したり（「病は気から」ということわざがあるように、患者が回復した場合、それが治りたいという意志の効果なのか、新薬の効果なのか、区別がつかなくなってしまう）、生活習慣について特定の属性をもつ患者に投与の対象が偏ったりすると、薬の投与を受ける患者グループAと受けない患者グループBの同質性が保証されないから、薬の効果を客観的に計測することができない。グループ分けがランダムなくじ引きによるものだからこそ、薬の効果が客観的に確かめられるのである。もちろん、実験の趣旨や薬の副作用などを患者に十分に説明し、治験にはっきりと同意してもらうことが必要条件である。このようなRCTの手法は、臨床医学・薬学の分野では、新たな医療手段の効果を試す手法として完全に定着するに至っている。

原理的には医学とまったく同じRCTの手法を活用して、社会開発の分野において政策介入の効果を本格的に試そうとしているのが、デュフロ氏たちのMITのチームである。よく知られた事例を一つ挙げてみよう。マラリア撲滅のために、殺虫剤を練り込んだ蚊帳を村人に広く使ってもらうことが政策の目的だとする。補助金を投入して、蚊帳を無料で配布してみたらどうだろうか。しかし、人はタダで手に入れたものは大切に使わないかもしれない。では、普通の蚊帳と同じ市場価格で販売してみたらどうだろうか。しかし、人はわざわざお金を出してまで、使い慣れない蚊帳を購入しようとはしないかもしれない。どちらがいいかを知るために、RCTを実行してみよう。まったく同じ条件の（というのは不可能なので、非常によく似た条件の）村々を選び出し、村のグループAでは無料で蚊帳を配布し、もうひとつのグループBでは有料で蚊帳を販売してみるわけである。さて、結果はどうなったか。この事例は本書の第2章に出てくるので、答えを再確認していただきたい。

なお、本書はRCTの手法そのものを正面から解説した統計学の本ではなく、「貧困の撲滅」という明確な政策目標のために書かれた開発経済学の本である。本書において、デュフロ氏は国際開発をめぐる主要な争点を選び出し、RCTを使った実験結果をふんだんに盛り込みながら、常識と思い込みを覆し、具体的な政策を提言していく。

＊

読者の便宜のために、ここで本書の内容を簡単に振り返ることにしよう。まず第Ⅰ部「人間開発」は、「教育」と「健康」という二つの章で構成されている。社会の発展の究極の目標は、人々の選択の幅を広げるプロセスとしての人間開発を前進させることである。教育と健康の前進はその重要な構成要素であり、公共政策が大きな役割を果たす領域である。そうであるからこそ、RCTに基づいて政策の有効性を客観的に評価することが必要になっている。公共セクターが住民の面倒を見るのではなく、人々が自分で自分の面倒を見る自己規律と独立採算、そして現場への権限委譲の原理を導入することが時代の流行になっており、途上国ではマイクロクレジットと地方分権がそのような実践の焦点となっている。しかし、それらの実践の有効性の客観的な検証は不足しており、ここでもRCTに基づく評価が必要とされている。

本書全体を俯瞰すると、第Ⅰ部では公共介入が期待される教育・保健衛生セクターにおいて民間のアクター（とりわけNGO）が果たす役割が重視され、第Ⅱ部では民間の活力が期待される小規模金融や地方分権において公共のルールが果たす役割が重視されるという逆転の発想が見られるが、デュフロ氏の議論の運びは非常に慎重かつ周到である。

それぞれの章の内容を要約しておこう。第1章のテーマは「教育」である。伝統的なアプローチでは、まず子どもたちを学校に通わせることが重要であり、そのためには親を説得すること、そして家計の教育費負担を軽減することが必要だとされる。この常識をデュフロ氏は疑う。公的な費用負担よりも、教育の利益に関する情報を伝えること、子どもの健康状態を改善して通学できるようにすることのほうが重要かもしれない。さらに、そうやって子どもが学校に行くようになったとしても、問題が残る。生徒が学校で何かを学んでいるとは限らないのである。新しく教員を採用したり教科書を配布するといった「同じものを増やす」アプローチよりも、教育方法を改善し、教員のモチベーションを高めることを試みたほうが効果的かもしれない。金銭的インセンティブもバウチャー制度も、教育の改善の特効薬ではない。基礎知識の習得を重視する学校をつくりだすこと、そして通学、通勤することに皆が喜びを感じられるような学校をつくりだすことが重要ではないか。

第2章のテーマは「健康」ないし「保健医療」である。インドにおいて看護師の欠勤が目立つケースから議論が始まる。看護師は村人に強制的不妊処置の手先だと思われているという事情もあるのだが、そもそも予防ケアへの需要が低いために、保健センターに出勤しても村人が来てくれない。治療ケアについては頑強な需要があり、人々は民間のやぶ医者にまでお金を払おうとするというのに、予防ケアが普及しないのはなぜだろうか。ここでデュフロ氏は、時間の経過とともに選好が変化して行動が一貫しなくなるという時間的不整合性の考え方を援用し、人間の心理学的な「弱さ」から、予防ケアへの需要が伸びない理由を説明する。では、どのような政策が必要なのか。まず、予防ケアについては価格感受性が強いこと、つまり小規模でも補助金を投入すれば、需要が大きく増加することを確認できる。レンズ豆というささやかな報償を与えることで、母親は子どもを予防接種に連れて行くのである。感染症のリスクについては、エイズに関する教育を素材として、一般的な呪文を唱えるのではなく、的を絞った具体的な情報を知らせることの大切さが強調される。

第3章のテーマは「マイクロクレジット」（この用語はマイクロファイナンスと特に区別せずに使われている）である。本章の基礎となるキーワードは、逆選択（取引前に情報の非対称性が存在する場合、劣悪な財ばかりが市場に出回るかもしれない。たとえば、貸し手が借り手の過去の行動を知るすべがなければ、リスクを抱えた者ばかりが融資を申し込んでくるかもしれない）と、モラル・ハザード（取引後に情報の非対称性が存在する場合、契約者が望ましくない行動に走ってしまうかもしれない。たとえば、貸し手が借り手を放っておくと、そのうちに借り手は融資の返済をやめて、お金を持ち逃げするかもしれない）である。これらの二つの危険があるため、途上国の最貧層を対象とする金融では金利が法外に高くなり、貸付限度額が低くなる傾向がある。ところが、グラミン銀行などのマイクロクレジット機関は、高利貸よりは低い金利で、貧困層を対象に大規模な貸付を実施することに成功した。女性への貸付、毎週の返済、連帯責任などの特徴のなかで、デュフロ氏が特にマイクロクレジットの成功として指摘するのは、定期的な集まりによるソーシャル・キャピタル（社会関係資本）の増進効果、そして完済者には有利な条件で再貸付を行う「動学的インセンティブ」である。マイクロクレジットが人々に貯蓄の規律を課すこと、そして保険分野へと越境する取り組みが生まれていることも指摘される。とりわけ保険の普及にあたっては公的な補助金をためらってはならないこと、そして、すべての人が生まれつき起業家だというわけではない以上、マイクロクレジットが万能の解決策ではないことが強調される。

第4章のテーマは「ガバナンス」および「汚職」である。ここで汚職は、個人的な特権を得るための公務員による規則違反として広く定義されているが、その最大の被害者はお金持ちではなく貧困層である。近年、汚職の程度を計測する現場の技術が格段に進歩している。この章では、公共介入と市場のロジックが衝突するところに汚職が生まれるという、理論的に興味深い解釈が提示されている（「汚職は、いうなれば、介入の邪悪な横顔なのである」）。汚職と闘うためには、上からの行動と下からの行動を効果的に組み合わせる工夫が必要であり、有権者に情報を提供する努力が欠かせない。汚職を撲滅するにあたっては地方分権が重要であるという議論が有力だが、分権を進めていくと、地方政治において多数派男性の地域ボス支配が強まる結果になるかもしれない。この動きを回避するには、「指定カースト」や女性など、立場が弱い人々の政治代表を人為的に促進するクオータ（人数割当）制が重要な意味をもつ。政治代表のルールが変わると資源分配に変化が生まれ、集団間の力関係も大きく変化することがあるのだ。

女性のクオータをめぐるデュフロ氏の評価は冷静なもので、悲観論と楽観論が混じり合っている。男性の女性に対する根強い心理的、文化的な差別はクオータの導入程度で解消するものではない。しかし、女性の指導者の活動を目の当たりにすると、仕事をする女性の能力に対する男性の偏見は減少するかもしれない。男性の女性に対する認知パターンは、クオータの実験によって少なくとも短期的には変わりうるのである。ちなみに、一九六九年から二〇一六年までで七八人を数えるノーベル経済学賞受賞者のなかで、アフリカ系人はアーサー・ルイスただ一人、アジア系人はアマルティア・センただ一人、そして女性はエリノア・オストロムただ一人である（他は全員が「白人男性」だということになる）。デュフロ氏が自らの社会的属性を意識させられる機会は、おそらくとても多いことだろう。アーサー・ルイスも、晩年、経済学と人種問題にかかわる論考を多く残している。

＊

開発実践の現場においてRCTはきわめて有効だが、相当の予算と労力が必要になるので、誰にでも実行できるものではない。定性的なインタビュー調査や簡単な質問票調査とは異なり、個人でRCTを実行するのは不可能に近い。しかし、経済学や統計学の予備知識がない一般の読者であっても、本書の議論の進め方から貴重な思考のヒントを受け取ることができるように思う。「一般的な原理原則」は、目指すべき価値を確かめる出発点にはなるが、政策の内容を具体的に詰める段階になると、あまり役に立たない。どのような種類の政策に効果があり、どのような種類の政策に効果がないかを知るためには、直感に頼らず、客観的な証拠を集めたうえで、原因と結果の因果関係を理詰めで考えなければならないのだ。その際には「何と何を比較するか」という枠組みを厳密に考えておくことが決定的に重要になる。本書の論理の運びは、統計学の発想に慣れていない読者にこそ刺激的である。

それにしても、薬の作用が基本的には生化学の仕組みで説明できるのと比べると、政策の作用の因果関係はもっと複合的で、単純な解を出しにくいところがある。本書の第1章では、学校教科書をめぐるケニアの事例が紹介されている。教科書を無料配布して普及させれば子どもの成績が向上するはずだ、という仮説を検証するためにRCTを実施したところ、驚くべきことに、成績への影響はまったくなかったという。意外な結果を受け止めたうえで、「なぜ」そうなるのかを考えなければならない。ここで、デュフロ氏はケニアの植民地経験に理由を求める。教育が普及すると農村の子どもたちも学校に通い始めるが、庶民の日常言語はそれぞれの民族語やスワヒリ語であり、英語を自由に操れるのは主として都会のエリートの子どもたちに限定される。したがって、英語で書かれた教科書を配っても、大多数の子どもたちの学力向上には役に立たないというわけである。考えてみれば当たり前のことなのだが、東アフリカの歴史、そして家庭で話されている言語の状況に関する知見がない者は、この「なぜ」に答えることができない。途上国を舞台とするRCTの実践は、心理学のみならず、地域研究の知見とも結びつく必要がある。デュフロ氏はもともと歴史学を専攻していたので、本書では彼女の人文学的なセンスも見え隠れしている。

RCTの実践を進めるにあたっては倫理的な問題をクリアする必要があるのだが、本書では、研究の意図について被験者に詳しく説明して同意をとっているのかどうか、微妙に思われるケースがいくつかでてくる。デュフロ氏のラボが実施したものではないが、選挙キャンペーンのメッセージを意図的に操作して候補者の得票率の変化を調べた西アフリカのベナンでの実験（第4章）などは、民主主義の原理に照らして、かなり問題が多い気がする。知的な面白さはわかるのだが、先進国では実施できない種類の実験を途上国の貧困層を対象として実施することは避けるべきだろう。

ところで、デュフロ氏とバナジー氏による前著のタイトル『貧乏人の経済学』は、日本の読者向けの意訳としてはまったく正しいのだが、もともとの原書のタイトルは『プア・エコノミクス』だった。これを直訳すると

「貧しい経済学」であり、「経済学の貧困」という意味になる。そこには、現在の主流の経済学は方法論が貧弱すぎて、貧しい人々の暮らしにインパクトを与えることができていないのではないか、という経済学批判の意図が込められていると考えるべきだろう。この言葉遣いが直接下敷きにしているのは、インドの経済学者ディーパク・ラルによる一九八三年の書物『開発経済学の貧困』である。ラルにとっての「貧しい経済学」は、当時まだ影響力が強かった公共介入を重んじるディリジスム（統制主義）であった。八〇年代には、市場のイニシアチブを窒息させる国家介入が主要な問題だとされていた。つまり、ラルが肩入れした当時の新古典派経済学は、ケインズとマルクスに反旗を翻す反主流の側だったのである。

ところが、冷戦の終了後の二一世紀、振り子は完全に逆方向に揺れてしまった。今日、バナジーとデュフロの両氏が「貧しい経済学」として想定しているのは、過去の主流の政府万能論ではなく、現在の主流である新古典派経済学の市場万能論のほうだと考えてよいだろう。この姿勢はデュフロ氏の単著である本書でも踏襲されている。ただし、デュフロ氏の「落としどころ」は統制主義の復活ではなく、合理的でダイナミックな混合経済である。

再び医学の喩えを持ち出してみよう。すべての病を外科手術だけで治せると考える外科医はいない。すべての病を内服薬と体質改善だけで治せると考える内科医もいない。病の性格に応じてどちらの専門医が相対的にふさわしいか、というだけの話であることを私たちは皆知っている。ところが、途上国の貧困という病に対処する経済政策の世界では、立場が弱い患者を前にして、外科医と内科医が互いの悪口を言い合いながら覇権を競い合うような構図が続いている。人間の身体と心が有機体であるのと同じように、人間の社会も有機体である。そして、市場と政府にはそれぞれの役割がある。組み合わせの弊害（汚職）に注意しながら、「民」と「公」の合理的な組み合わせに関する知見を蓄積していこう。本書を読み進めていくと、デュフロ氏の中心的な問題意識がそこにあることが浮かび上がってくる。

デュフロ氏はソビエト連邦の崩壊後、モスクワに渡り、社会主義プロパガンダの失敗に関する歴史研究に没頭していた時期があるようだ。革命家レーニンがソビエト経済の生産性向上のために、米国発のテイラー・システムの導入を本気で模索していたことを思い出す。デュフロ氏は開発経済学者ジェフリー・サックスとも、この時期にロシアで出会ったのだという（ちなみに、サックスの妻も小児科医である）。旧東欧・ロシアの市場経済への移行の「ショック療法」を指揮したサックスは、その後は世界の貧困削減キャンペーンに注力するようになり、二〇〇〇年に採択された「ミレニアム開発目標」（ＭＤＧｓ）の策定にも大きな役割を果たした。

本書の冒頭でのデュフロ氏の議論に見られるように、この本はＭＤＧｓの達成を意識して執筆されたものであるが、その後、二〇一五年九月の国連総会では新たに「持続可能な開発目標」（ＳＤＧｓ）が合意され、二〇三〇年に向けて世界のあらゆる貧困を解消することが国際社会の目標となった。ＳＤＧｓでは、貧困は今や、発展途上国だけの問題ではないということが認識されている。日本を含めた先進諸国においても制度劣化と格差拡大が進行し、「生き方の幅の広がり」を享受できない人々が増加している。世界の国々の政治と経済が内向き志向を強める今だからこそ、世界のあらゆる場所で、あらゆる貧困を撲滅するというＳＤＧｓの人類共通の課題を再確認することの意義が強まっていると言えるだろう。自己利益を追求し、ばらばらに分解していく人々を、貧困との闘いという共通の課題のもとで結束させる。そして、このような骨太の原理原則を推し進めていくためにこそ、具体的な政策の細部に注目し、本当に役に立つ政策の仕掛けを練り上げていく必要があるのだ。

米国のＭＩＴに腰を落ち着けたデュフロ氏は、政策実務の世界では、オバマ政権の開発政策の顧問なども務めた。本書には良心的社会改革者の「上から目線」、すなわち「あなたたちに必要なことは、私たちのほうがよく知っています」というテクノクラート的な態度を感じさせる部分も多い。しかし、デュフロ氏の構え方が非常に興味深く思えるのは、常に「現場」とともにあろうとする献身と粘り強さ、そして実験と試行錯誤を繰り返しながら真実に到達しようとする求道者的な情熱が、社会科学者の冷徹なロジックと分かちがたく結びついているところである。この「熱」と「冷」の矛盾こそが、革新的な手法を生み出す彼女の知的エネルギーの源泉なのかもしれない。小さな創意を大切にして、「よりましな」手法を試しながら少しずつ前進していこうとする姿勢は、日本発の「カイゼン」運動にも似ているところがあるが、これらの違いと共通点を考えてみるのも興味深いだろう。デュフロ氏はまだ比較的若手の研究者であり、MITのラボの活動も拡大の途上にある。これからの彼女の仕事が、実に楽しみである。

＊

本書の翻訳にあたっては、筆者とアリーン・コザの夫婦で文字通りの共訳作業を行った。共に机に向かい、フランス語を日本語に一文ずつ移し替えていく作業は、時間はかかったけれども楽しい作業だった。原文の文体は、講演原稿であるにもかかわらず、かなり「ごつごつ」した硬いフランス語である。そこで翻訳でも、基本的な姿勢として、読みやすさよりも論理性を優先させることにした。

細かい訳語の問題にも触れておきたい。RCTは医学の分野では「ランダム化比較試験」と訳されることが多いが（日本語の語感として、患者を相手に「実験」をするのでは確かに具合が悪かろう）、本書が対象とする開発分野には教育分野の試行も含まれており、「学力試験の比較試験」では意味が通じなくなってしまう。社会実験という言葉が定着してきたこともあるので、本書では一貫して「ランダム化比較実験」という訳語を当てている。デュフロ氏とバナジー氏の前回の著作は英語の書物だが、本書はフランス語の書物である。したがって著者の名前の表記も、英語風の「エスター・デュフロ」ではなく、フランスの家族や友人、同僚たちが彼女の名前を呼ぶときのように「エステル・デュフロ」とした。

訳稿ができあがった後は、全体を愛媛大学法文学部の三上了さん（計量政治学）、第2章を医療法人理智会たなか往診クリニック・京都大学東南アジア研究所の和田泰三さん（老年医学・疫学）、第3章を京都産業大学外国語学部の横山史生さん（証券市場論）にお目通しいただいて、それぞれの分野における自然な用語法について貴重なアドバイスを頂戴した。お三方に心から謝意を表したい。もちろん、ありうる誤りについては全面的に訳者の責任である。また、アフガニスタン・ヘラート大学経済学部のアフマド・バリザダさんには、注の文献の確認やデュフロ氏の仕事にかかわる情報のアップデートなど、細かいところで翻訳作業を手伝っていただいた。最後になったが、原著の刊行から翻訳出版まで思いがけず時間が経過してしまったにもかかわらず、みすず書房編集部の中林久志さんには辛抱強く伴走していただいた。感謝の言葉もない。

二〇一六年一一月二五日

訳者を代表して

峯　陽一

原 注

第Ⅰ部の序

1. アマルティア・センは、ケイパビリティを次のように定義している。「人間が達成できる機能（状態と行為）の多様な組み合わせ。したがってケイパビリティは、個人が何らかの生活を送ることができることを示すような機能のベクトルの集合である」。次を見よ。Amartya Sen, *Commodities and Capabilities*, Oxford University Press, 1999. および次を見よ。*Development as Freedom*, Anchor, 2000〔邦訳　アマルティア・セン『自由と経済開発』石塚雅彦訳、日本経済新聞社、2000年〕（フランス語版は次である。*Un nouveau modèle économique. Développement, justice, liberté*, Odile Jacob, 2000）.
2. 『人間開発報告書』の各年度版は、国連開発計画（UNDP）のウェブサイトから入手できる。http://www.hdr.undp.org/en
3. 1995年９月に北京で開催された女性の人権に関する第４回世界女性会議。
4. 「ミレニアム開発目標」の一覧は国連のウェブサイトから入手できる。http://www.un.org/french/millenniumgoals
5. *Le Rapport 2009 sur les objectifs du millénaire*. これは次から入手できる。http://www.un.org/french/millenniumgoals/2009report.shtml
6. *Annual Status of Education Report*（教育状況に関する年次報告書), India, 2008. この報告書は次から入手できる。http://www.asercentre.org/p/82.html
7. *World Development Report 2004*, "Making Services Work for Poor People". この報告書は世界銀行のウェブサイトから入手できる。http://www.worldbank.org
8. 次を見よ。William Easterly, *Le Fardeau de l'homme blanc: L'échec des politiques occidentales d'aide aux pays pauvres*, Editions Marcus Haller, 2009〔邦訳　ウィリアム・イースタリー『傲慢な援助』小浜裕久他訳、東洋経済新報社、2009年〕。Dambisa Moyo, *Dead Aid: Why Aid Is Not Working and How There Is a Better Way for Africa*, Farrar, Straus and Giroux, 2009〔邦訳　ダンビサ・モヨ『援助じゃアフリカは発展しない』小浜裕久訳、東洋経済新報社、2010年〕。
9. Amartya Sen, *Poverty and Famines: An Essay on Entitlement and Deprivation*, Oxford University Press, 1983〔邦訳　アマルティア・セン『貧困と飢饉』黒崎卓・山崎幸治訳、岩波書店、2000年〕。
10. 次を見よ。Robert Lucas, *Lectures on Economic Growth*, Harvard University Press, 2002.
11. 得られた結果の分散を計算することによって確かめることができる。つまり、単なる偶然によってその結果が得られたという確率がわかるのである。
12. 次を見よ。Esther Duflo, *Expérience, science et lutte contre la pauvreté*, Fayard, Leçons inaugurales du Collège de France, 2009. また、この方法、その具体的な応用、それが引き起こした議論をより詳しく説明する次の論文（近刊）を見よ。Esther Duflo et Abhijit Ba-

nerjee, "L'approche expérimentale en économie du développement", *Revue d'économie politique*. そして次も見よ。"Using Randomization in Development Economics Research: A Toolkit Approach", in Esther Duflo et al. (eds), *Handbook of Development Economics*, Elsevier Science, 2007, Vol. 4, p. 3895.

第1章

1. *Education for All Global Monitoring Report*, Annex (Statistical Tables), United Nations Educational, Scientific and Cultural Organization, 2009.
2. Gauri Kartini Shastry and Leigh Linden, "Identifying Agent Discretion: Exaggerating Student Attendance in Response to a Conditional School Nutrition Program", Working Paper, April 2008.
3. Esther Duflo, Pascaline Dupas and Michael Kremer, "Education and Fertility: Experimental Evidence from Kenya", Working Paper, June 2009.
4. T. Paul Schultz, "School Subsidies for the Poor: Evaluating the Mexican PROGRESA Poverty Program", *Journal of Development Economics*, 74(1), June 2004, pp. 199–250.
5. Michael Kremer, Edward Miguel and Rebecca Thornton, "Incentives to Learn", Working Paper, January 2008.
6. Joshua Angrist and Victor Lavy, "The Effect of High Stakes High School Achievement Awards: Evidence from a Group-Randomized Trial", *American Economic Review*, 99(4), September 2009, pp. 1384–1414.
7. Jim Berry, "Child Control in Education Decisions: An Evaluation of Targeted Incentives to Learn in India", Working Paper, January 2009.
8. Pratham, *Annual Survey of Education Report 2008*, January 2009. この報告書は次のウェブサイトから入手できる。http://www.asercentre.org/p/82.html
9. Michael Kremer and Edward Miguel, "Worms: Identifying Impacts on Education and Health in the Presence of Treatment Externalities", *Econometrica*, 72(1), January 2004, pp. 159–217.
10. Abhijit Banerjee, Shawn Cole, Esther Duflo and Leigh Linden, "Remedying Education: Evidence from Two Randomized Experiments in India", *Quarterly Journal of Economics*, 122(3), August 2007, pp. 1235–1264.
11. Esther Duflo, Rema Hanna and Stephen Ryan, "Monitoring Works: Getting Teachers to Come to School", Working Paper, November 2007.
12. Abhijit Banerjee, Rukmini Banerji, Esther Duflo, Rachel Glennerster and Stuti Khemani, "Pitfalls of Participatory Programs: Evidence from a Randomized Evaluation in Education in India", Working Paper, September 2008.
13. Esther Duflo, Pascaline Dupas and Michael Kremer, "Peer Effects and the Impact of Tracking: Evidence from a Randomized Evaluation in Kenya", Working Paper, November 2008.
14. Tran Nguyen, "Information, Role Models and Perceived Returns to Education: Experimental Evidence from Madagascar", Working Paper, January 2008.
15. Andrew Foster and Mark Rosenzweig, "Technical Change and Human-Capital Returns and Investments: Evidence from the Green Revolution", *American Economic Review*, 86(4), September

1996, pp. 931–953.

16. Robert Jensen, "The Perceived Returns to Education and the Demand for Schooling", Working Paper, 2007.

17. Tran Nguyen, "Information, Role Models and Perceived Returns to Education: Experimental Evidence from Madagascar", Working Paper, January 2008.

18. この文献は次のもので再検討されている。Rumona Dickson, Shally Awasthi, Paula Williamson, Colin Demellweek and Paul Garner, "Effect of Treatment for Intestinal Helminth Infection on Growth and Cognitive Performance in Children: Systematic Review of Randomized Trails", *British Medical Journal*, 320, June 2000, pp. 1697–1701. 実施された調査は、寄生虫根絶キャンペーンが教育にインパクトを与えることを説得力のあるやり方で証明することができていない、と著者たちは結論づけている。

19. Michael Kremer and Edward Miguel, "Worms: Identifying Impacts on Education and Health in the Presence of Treatment Externalities", *Econometrica*, 72(1), January 2004, pp. 159–217.

20. Gustavo Bobonis, Edward Miguel and Charu Puri Sharma, "Iron Deficiency Anemia and School Participation", *Journal of Human Resources*, 41(4), Fall 2006, pp. 692–721.

21. それぞれ、次を見よ。Hoyt Bleakley, "Disease and Development: Evidence from Hookworm Eradication in the American South", *Quarterly Journal of Economics*, 122(1), February 2007, pp. 73–117; Adrienne Lucas, "Malaria Eradication and Educational Attainment: Evidence from Paraguay and Sri Lanka", *American Economic Journal: Applied Economics*, 2(2), April 2010, pp. 1–45; Hoyt Bleakley, "Malaria Eradication in the Americas: A Retrospective Analysis of Childhook Exposure", Working Paper, August 2007.

22. Abhijit Banerjee, Rukmini Banerji, Esther Duflo, Rachel Glennerster and Stuti Khemani, "Pitfalls of Participatory Programs: Evidence from a Randomized Evaluation in Education in India", Working Paper, September 2008.

23. Paul Glewwe, Michael Kremer and Sylvie Moulin, "Many Children Left Behind? Textbooks and Test Scores in Kenya", *American Economic Journal: Applied Economics*, 1(1), January 2009, pp. 112–135.

24. Paul Glewwe, Michael Kremer, Sylvie Moulin and Eric Zitzewitz, "Retrospective vs. Prospective Analyses of School Inputs: The Case of Flip Charts in Kenya", *Journal of Development Economics*, 74(1), June 2004, pp. 251–268.

25. Abhijit Banerjee, Michael Kremer, Jean Lanjouw and Peter Lanjouw, "Teacher-Student Ratios and School Performance in Udaipur, India: A Prospective Evaluation", Working Paper, 2002; Abhijit Banerjee, Shawn Cole, Esther Duflo and Leigh Linden, "Remedying Education: Evidence from Two Randomized Experiments in India", *Quarterly Journal of Economics*, 122(3), August 2007, pp. 1235–1264; Esther Duflo, Pascaline Dupas and Michael Kremer, "Peer Effects and the Impact of Tracking: Evidence from a Randomized Evaluation in Kenya", Working Paper, November 2008.

26. Nazmul Chaudhury, Jeffrey Hammer, Michael Kremer, Karthik Muralidharan and F. Halsey Rogers, "Missing in Action: Teacher and Health Worker Absence in Developing Countries", *Journal of Economic Perspectives*, 20(1), Winter 2006, pp. 91–116.

27. Anuradha De, Jean Dreze, Claire Noronha, Claire Pushpendra and Anita Rampal, *Public Report on Basic Education in India*, Oxford University Press, June 1999, p. 168.
28. Esther Duflo, Pascaline Dupas and Michael Kremer, "Additional Resources versus Organizational Changes in Education: Experimental Evidence from Kenya", Working Paper, May 2009.
29. Abhijit Banerjee, Shawn Cole, Esther Duflo and Leigh Linden, "Remedying Education: Evidence from Two Randomized Experiments in India", art. cit., pp. 1235–1264.
30. 正確には、それぞれの子どもの成績から対照群の平均点を引き、その結果を対照群における分布の標準偏差で割った標準的な測定値を計算する。
31. Abhijit Banerjee, Rukmini Banerji, Esther Duflo, Rachel Glennerster and Stuti Khemani, "Pitfalls of Participatory Programs: Evidence from a Randomized Evaluation in Education in India", art. cit.
32. Esther Duflo, Pascaline Dupas and Michael Kremer, "Peer Effects and the Impact of Tracking: Evidence from a Randomized Evaluation in Kenya", art. cit.; Esther Duflo, Pascaline Dupas and Michael Kremer, "Additional Resources versus Organizational Changes in Education: Experimental Evidence from Kenya", art. cit.
33. Karthik Muralidharan and Ventkatesh Sundararaman, "Contract Teachers; Experimental Evidence from India", Working Paper, September 2008.
34. Brian Jacob, "The Impact of School Choice on Student Outcomes: An Analysis of the Chicago Public Schools", *Journal of Public Economics*, 89 (5–6), June 2005, pp. 761–796.
35. Brian Jacob and Steven Levitt, "Rotten Apples: An Investigation of the Prevalence and Predictors of Teacher Cheating", *Quarterly Journal of Economics*, 118 (3), August 2003, pp. 843–877.
36. Paul Glewwe, Nauman Ilias and Michael Kremer, "Teacher Incentives", Working Paper, June 2008.
37. Karthik Muralidharan and Venkatesh Sundararaman, "Teacher Performance Pay: Experimental Evidence from India", Working Paper, July 2008.
38. Esther Duflo and Rema Hanna, "Monitoring Works: Getting Teachers to Come to School", Working Paper, December 2005.
39. このテーマについては、本書の第II部「自立政策」で再び触れることにする。
40. Abhijit Banerjee, Rukmini Banerji, Esther Duflo, Rachel Glennerster and Stuti Khemani, "Pitfalls of Participatory Programs: Evidence from a Randomized Evaluation in Education in India", art. cit.
41. Tahir Andrabi, Jishnu Das and Asim Ijaz Khwaja, "Report Cards: The Impact of Providing School and Child Test-Scores on Educational Markets", Working Paper, February 2009.
42. Esther Duflo, Pascaline Dupas and Michael Kremer, "Peer Effects and the Impact of Tracking: Evidence from a Randomized Evaluation in Kenya", art. cit.
43. Tran Nguyen, "Information, Role Models and Perceived Returns to Education: Experimental Evidence from Madagascar", art. cit.
44. Joshua Angrist, Eric Bettinger, Erik Bloom, Elizabeth King and Michael Kremer, "Vouchers for Private Schooling in Colombia: Evidence from a Randomized Natural Experiment", *American Economic Review*, 92 (5), December 2002, pp. 1535–1558.

45. *Pakistan Social and Living Standards Measurement Survey*, 2004–2005.

第2章

1. Abhijit Banerjee, Angus Deaton and Esther Duflo, "Health Care Delivery in Rural Rajasthan", *Economic and Political Weekly*, 39(9), February 2004, pp. 944–949; Abhijit Banerjee, Angus Deaton and Esther Duflo, "Wealth, Health and Health Services in Rural Rajasthan", *American Economic Review*, 94(2), May 2004, pp. 326–330.
2. 米国では栄養不良を示すものとして、この19という閾値が使われている。体格指数は体重（キロ単位）を身長（メートル単位）の２乗で除したもの。
3. 平均最大呼吸容量がこの数値を下回るときは呼吸困難を示す。
4. Angus Deaton and Jean Drèze, "Nutrition in India: Facts and Interpretation", Working Paper, April 2008.
5. それぞれ、次を見よ。Nazmul Chaudhury and Jeffrey S. Hammer, "Ghost Doctors: Absenteeism in Bangladeshi Health Facilities", *World Bank Policy Research Working Paper* 3065, May 2003; Nazmul Chaudhury, Jeffrey Hammer, Michael Kremer, Karthik Muralidharan and F. Halsey Rogers, "Missing in Action: Teacher and Health Worker Absence in Developing Countries", art. cit., pp. 91–116.
6. Mark Nichter, "Vaccinations in the Third World: A Consideration of Community Demand", *Social Science and Medicine*, 41(5), September 1995, pp. 617–632.
7. Abhijit Banerjee, Esther Duflo and Rachel Glennerster, "Putting a Band-Aid on a Corpse: Incentives for Nurses in the Indian Public Health Care System", *Journal of the European Economic Association*, 6(2–3), April-May 2008, pp. 487–500.
8. Esther Duflo, Rema Hanna and Stephen Ryan, "Monitoring Works: Getting Teachers to Come to School", *CEPR Working Paper* 6682, February 2008.
9. Martina Björkman and Jakob Svensson, "Power to the People: Evidence from a Randomized Field Experiment on Community-Based Monitoring in Uganda", *Quarterly Journal of Economics*, 124(2), May 2009, pp. 735–769.
10. Abhijit Banerjee, Esther Duflo, Rachel Glennerster and Dhruva Kothari, "Improving Immunization Coverage in Rural India: A Clustered Randomized Controlled Evaluation of Immunization Campaigns With and Without Incentives", Working Paper, July 2008.
11. それぞれ、以下を参照。Jessica Cohen and Pascaline Dupas, "Free Distribution or Cost-Sharing? Evidence from a Randomized Malaria Prevention Experiment", *Quarterly Journal of Economics*, 125(1), February 2010, pp. 1–45; Michael Kremer and Edward Miguel, "The Illusion of Sustainability", *Quarterly Journal of Economics*, 112(3), August 2007, pp. 1007–1065; Nava Ashraf, James N. Berry and Jesse M. Shapiro, "Can Higher Prices Stimulate Product Use? Evidence from a Field Experiment in Zambia", NBER *Working Paper* W13247, July 2007.
12. Rebecca L. Thornton, "The Demand for, and Impact of, Learning HIV Status", *American Economic Review*, 98(5), December 2008, pp. 1829–1863.
13. たとえば次を見よ。Gary Becker, *The Economic Approach to Human Behavior*, University of Chicago Press, 1978.

14. Samuel M. McClure, David Laibson, George Loewenstein and Jonathan D. Cohen, "Separate Neural Systems Value Immediate and Delayed Monetary Rewards", *Science*, 306, October 2004, pp. 503–507.

15. Ted O'Donoghue and Matthew Rabin, "Optimal Sin Taxes", *Journal of Public Economics*, 90 (10–11), November 2006, pp. 1825–1849.

16. Richard H. Thaler and Cass R. Sunstein, *Nudge: Improving Decisions About Health, Wealth and Happiness*, Penguin, 2009.〔邦訳　リチャード・セイラー、キャス・サンスティーン『実践 行動経済学――健康、富、幸福への聡明な選択』遠藤真美訳、日経 BP 社、2009年〕。

17. Edward Miguel and Michael Kremer, "Worms: Identifying Impacts on Education and Health in the Presence of Treatment Externalities", art. cit.

18. Xavier Giné, Dean Karlan and Jonathan Zinman, "Put Your Money Where Your Butt Is. A Commitment Contract for Smoking Cessation", *Policy Research Working Paper* 4985, July 2009.

19. プログラムに参加することにした喫煙者とそうしなかった喫煙者とでは煙草をやめる割合に差があるが、それはプログラムの影響ではない。プログラムに参加することにした喫煙者にはおそらくすでに禁煙する意思があり、いずれにしても、ここではより多くの者が禁煙していたに違いない。したがって、常に重要なのは、ランダムに構成された群どうし（この例ではプログラムの提案を受けた人々と受けなかった人々）の結果を比較することである。

20. Esther Duflo, Pascaline Dupas, Michael Kremer and Samuel Sinei, "Education and HIV/AIDS Prevention: Evidence from a Randomized Evaluation in Western Kenya", Working Paper, June 2006.

21. Pascaline Dupas, "Do Teenagers Respond to HIV Risk Information? Evidence from a Field Experiment in Kenya", NBER *Working Paper* 14707, May 2009.

22. 小学校 6 年生、中学校 1 年生、および 2 年生に相当する。

23. Esther Duflo, Pascaline Dupas and Michael Kremer, "Education and Fertility: Experimental Evidence from Kenya", Working Paper, June 2009.

24. William Easterly, *Le Fardeau de l'homme blanc*, op. cit.

25. Pascaline Dupas, "Short-Run Subsidies and Long-Run Adoption of New Health Products: Evidence from a Field Experiment", Working Paper, May 2009.

26. Jessica Cohen and Pascaline Dupas, "Free Distribution or Cost-Sharing? Evidence from a Randomized Malaria Prevention Experiment", *Quarterly Journal of Economics*, 125(1), February 2010, pp. 1–45; Vivian Hoffman, "Psychology, Gender, and the Intrahousehold Allocation of Free and Purchased Mosquito Nets", Working Paper, March 2008. およびマダガスカルで進行中のアリソン・コンフォールによる作業。

第 II 部の序

1. このアイデアは以下で展開されている。Abhijit Banerjee and Esther Duflo, "Mandated Empowerment: Handing Anti-Poverty Policy Back to the Poor?", in *Reducing the Impact of Poverty on Health and Human Development 2008*, Annals of New York Academic Sciences, Vol.

1136, pp. 333–341.

2. World Bank Development Report 2004, "Making Services Work for Poor People".
3. Hernando de Soto, *The Mystery of Capital: Why Capitalism Triumphs in the West and Fails Everywhere Else*, Basic Books, 2000.
4. この手法は、エステル・デュフロによって、次のものでより詳しく説明されている。*Le Développement humain. Lutter contre la pauvreté* (I), La République des Idées/Seuil, 2010〔本書第 I 部〕; *Expérience, science et lutte contre la pauvreté*, Fayard, Leçons inaugurales du Collège de France, 2009.

第 3 章

1. Robin Burgess and Rohini Pande, "Can Rural Banks Reduce Poverty? Evidence from the Indian Social Banking Experiment", *American Economic Review*, 95(3), June 2005, pp. 780–795.
2. 次の論文を参照。Shawn Cole, "Fixing Market Failures or Fixing Elections? Elections, Banks and Agricultural Lending in India", *American Economic Journals: Applied Economics*, 1(1), January 2009, pp. 219–250.
3. 女性グループが週ごとまたは月ごとの集会で共同の金庫にお金を補給し、集会の度にグループのひとりの女性がお金を利用できるという制度。
4. Carlos Daniel and Carlos Labarthe, "A Letter to our Peers". このレターには、コンパルタモス銀行のマイクロクレジット専用のウェブサイトからアクセスできる。https://www.compartamos.com
5. Irfan Aleem, "Imperfect Information, Screening, and the Costs of Informal Lending: A Study of a Rural Credit Market in Pakistan", *The World Bank Economic Review*, 4(3), September 1990, pp. 329–349.
6. Joseph Stiglitz and Andrew Weiss, "Credit Rationing in Markets with Imperfect Information", *American Economic Review*, 71(3), June 1981, pp. 393–410; Dwight Jaffee and Joseph Stiglitz, "Credit Rationing", in B. Friedman and F. Hahn (eds), *Handbook of Monetary Economics*, Amsterdam: Elsevier Science Publishers, 1990, pp. 837–888; Joseph Stiglitz, "Markets, Market Failures and Development", *American Economic Review*, 79(2), May 1989, pp. 197–203.
7. Sendhi Mullainathan and Dean Karlan. 現在進行中の研究による。
8. Abhijit Banerjee, Esther Duflo, Rachel Glennerster and Cynthia Kinnan, "The Miracle of Microfinance? Evidence from a Randomized Evaluation", Working Paper, May 2009.
9. Suresh De Mel, David McKenzie and Christopher Woodruff, "Returns to Capital in Microenterprises: Evidence from a Field Experiment", *Quarterly Journal of Economics*, 123(4), November 2008, pp. 1329–1372.
10. Dean Karlan and Jonathan Zinman, "Credit Elasticities in Less Developed Countries: Implications for Microfinance", *American Economic Review*, 98(3), 2008, pp. 1040–1068.
11. Dean Karlan and Jonathan Zinman, "Observing Unobservables: Identifying Information Asymmetries with a Consumer Credit Field Experiment", *Econometrica*, 77(6), 2010, pp. 1993–2008.
12. Beatriz Armendariz de Aghion and Jonathan Morduch, *The Economics of Microfinance*, MIT

Press, 2007.

13. 16の決意は、グラミン銀行の次のウェブサイトで読むことができる。http://www.grameen-info.net

14. Suresh de Mel, David McKenzie and Christopher Woodruff, "Are Women More Credit Constrained? Experimental Evidence on Gender and Microenterprise Returns", Working Paper, October 2008.

15. それぞれ、次を見よ。Markus Goldstein and Christopher Udry, "The Profits of Power: Land Rights and Agricultural Investment in Ghana", *Journal of Political Economy*, 116(6), December 2008, p. 981–1022; Christopher Udry, "Gender, Agricultural Production, and the Theory of the Household», *Journal of Political Economy*, 104(5), October 1996, pp. 1010–1046.

16. Erica Field and Rohini Pande, "Repayment Frequency and Default in Micro-finance: Evidence from India», *Journal of the European Economic Association*, 6(2–3), April-May 2008, pp. 501–509.

17. Maitreesh Ghatak, "Group Lending, Local Information and Peer Selection", *Journal of Development Economics*, 60(1), October 1999, pp. 27–50.

18. Xavier Giné and Dean Karlan, "Group versus Individual Liability: Long Term Evidence from Philippine Microcredit Lending Groups", Working Paper, May 2009.

19. それぞれ、次を見よ。Dean Karlan and Martin Valdivia, "Teaching Entrepreneurship: Impact of Business Training on Microfinance Clients and Institutions", Working Paper, May 2009. Erica Field and Rohini Pande. 現在進行中の研究による。

20. Robert Putnam, *Bowling Alone: The Collapse and Revival of American Community*, Simon & Schuster, 2001.〔邦訳　ロバート・D・パットナム『孤独なボウリング——米国コミュニティの崩壊と再生』柴内康文訳、柏書房、2006年〕。

21. Dean Karlan, "Social Connections and Group Banking", *The Economic Journal*, 117, February 2007, pp. F52–F84.

22. Abhijit Banerjee, Esther Duflo, Rachel Glennerster and Cynthia Kinnan, "The Miracle of Microfinance? Evidence from a Randomized Evaluation", art. cit.

23. Pascaline Dupas and Jonathan Robinson, "Savings Constraints and Microenterprise Development: Evidence from a Field Experiment in Kenya", Working Paper, March 2009.

24. この分析は次のものによる。Abhijit Banerjee and Sendhil Mullainathan, "The Shape of Temptation: Implications for the Economic Lives of the Poor", Working Paper, September 2008.

25. Nava Ashraf, Dean Karlan and Wesley Yin, "Tying Odysseus to the Mast: Evidence from a Commitment Savings Product in the Philippines", *Quarterly Journal of Economics*, 121(2), May 2006, pp. 635–672.

26. Dean Karlan. 現在進行中の研究による。

27. Shawn Cole, Xavier Giné, Jeremy Tobacman, Petia Topalova, Robert Townsend and James Vickery, "Barriers to Household Risk Management: Evidence from India", Working Paper, April 2009.

28. Esther Duflo and Abhijit Banerjee, "An Impact Evaluation of the Provision of Health Insurance Through Microfinance Networks in Rural India", *CMF Progress Brief*, December 2007.

第4章

1. 私の思考の手順は、ロヒニ・パンデとクリストファー・ウドリーの論考に多くを負っている。「下からの」視点という概念は、そこから借用したものである。Rohini Pande and Christopher Udry, "Institutions and Development: A View from Below", in R. Blundell, W. Newey and T. Persson (eds), *Proceedings of the 9th World Congress of the Econometric Society*, Cambridge University Press, 2007.
2. 私は、この定義とこの章の概念的枠組みを次から借用している。Abhijit Banerjee, Rema Hanna and Sendhil Mullainathan, "Corruption", manuscript, MIT.
3. もちろん、これは汚職に関する唯一の情報源ではない。「トランスペアレンシー・インターナショナル」は広く参照される年次報告書を毎年刊行しており、次のサイトで無料で入手できる。http://www.transparency.org/about.「エコノミスト・インテリジェンス・ユニット」の報告書は次のサイトで購入することができる。http://countryanalysis.eiu.com/
4. Abhijit Banerjee, Raghabendra Chattopadhyay, Esther Duflo and Jeremy Shapiro, "Targeting Efficiency: How Can We Best Identify the Poorest of the Poor", Working Paper, May 2009.
5. Nazmul Chaudhury, Jeffrey Hammer, Michael Kremer, Kartik Muralidharan and Halsey Rogers, "Missing in Action: Teachers and Health Worker Absence in Developing Countries", *Journal of Economic Perspectives*, Vol. 20, Winter 2006, pp. 91–116.
6. Abhijit Banerjee, Raghabendra Chattopadhyay, Esther Duflo and Daniel Keniston, "Rajasthan Police Performance and Perception Intervention", Working Paper, May 2009.
7. Patrick Barron and Ben Olken, "The Simple Economics of Extortion: Evidence from Trucking in Aceh", *Journal of Political Economy*, 117 (3), June 2009, pp. 417–452.
8. http://economics.mit.edu/faculty/bolken
9. それぞれ、次を見よ。Raymond Fisman and Shang-Jin Wei, "Tax Rates and Tax Evasion: Evidence from 'Missing Imports' in China", *Journal of Political Economy*, 112 (2), April 2004, pp. 471–500; Ritva Reinikka and Jakob Svensson, "Local Capture: Evidence from a Central Government Transfer Program in Uganda", *Quarterly Journal of Economics*, 119 (2), May 2004, pp. 678–704; and Benjamin Olken, "Monitoring Corruption: Evidence from a Field Experiment in Indonesia", *Journal of Political Economy*, 115 (2), April 2007, pp. 200–249.
10. Marianne Bertrand, Simeon Djankov, Rema Hanna and Sendhil Mullainathan, "Obtaining a Driver's License in India: An Experimental Approach to Studying Corruption", *Quarterly Journal of Economics*, 122 (4), November 2007, pp. 1639–1676.
11. Abhijit Banerjee, "A Theory of Misgovernance", *Quarterly Journal of Economics*, 112 (4), 1997, pp. 1289–1332.
12. Samuel Huntington, *Political Order in Changing Societies*, Yale University Press, 1968〔邦訳サミュエル・ハンチントン『変革期社会の政治秩序』内山秀夫訳、サイマル出版会、1972年。引用はフランス語訳からの邦訳〕。
13. Abhijit Banerjee et al., "Rajasthan Police Performance and Perception Intervention", art. cit.
14. Benjamin Olken, "Monitoring Corruption: Evidence from a Field Experiment in Indonesia", art.

cit.

15. Claudio Ferraz and Frederico Finan, "Exposing Corrupt Politicians: The Effects of Brazil's Publicly Released Audits on Electoral Outcomes", *Quarterly Journal of Economics*, 123(2), May 2008, pp. 703–745.
16. Lori Beaman, Esther Duflo, Rohini Pande and Petia Topalova, "The Gram Sabha: What Can We Learn about Female Politicians?", Working Paper, January 2009.
17. Benjamin Olken, "Monitoring Corruption: Evidence from a Field Experiment in Indonesia", art. cit.
18. Raghabendra Chattopadhyay and Esther Duflo, "Women as Policy Makers: Evidence from a Randomized Policy Experiment in India", *Econometrica*, 72(5), September 2004, pp. 1409–1443.
19. Lori Beaman, Esther Duflo, Rohini Pande and Petia Topalova, "The Gram Sabha: What Can We Learn about Female Politicians?", art. cit.
20. Benjamin Olken, "Monitoring Corruption: Evidence from a Field Experiment in Indonesia", art. cit.
21. Benjamin Olken, "Direct Democracy and Local Public Goods: Evidence from a Field Experiment in Indonesia", Working Paper, November 2008.
22. Raghabendra Chattopadhyay and Esther Duflo, "Women as Policy Makers...", art. cit.; Raghabendra Chattopadhyay and Esther Duflo, "The Impact of Reservation in the Panchayati Raj: Evidence from a Nationwide Randomized Experiment", *Economic and Political Weekly*, 39(9), 2004, pp. 979–986.
23. Esther Duflo and Petia Topalova, "Unappreciated Service: Performance, Perceptions, and Women Leaders in India", Working Paper, October 2004.
24. Lori Beaman, Raghabendra Chattopadhyay, Esther Duflo, Rohini Pande and Petia Topalova, "Powerful Women: Does Exposure Reduce Bias?", Working Paper, July 2008.
25. 様々なバージョンの潜在連想テスト（IAT）を、インプリシット・プロジェクトのホームページで入手することができる。https://implicit.harvard.edu/implicit. そこでは自分自身の偏見を試しながら（私たちを戸惑わせる経験である）、進行中の研究に参加することができる。
26. Lori Beaman et al., "Powerful Women: Does Exposure Reduce Bias?", art. cit.
27. Leonard Wantchekon, "Clientelism and Voting Behavior: Evidence from a Field Experiment in Benin", World Politics, 55, April 2003, pp. 399–422.
28. Abhijit Banerjee, Jennifer Green, Donald Green and Rohini Pande. 現在進行中の研究による。
29. Abhijit Banerjee and Rohini Pande. 現在進行中の研究による。

第 II 部の結論

1. Abhijit Banerjee and Esther Duflo, "The Economic Lives of the Poor", *Journal of Economic Perspectives*, 21(1), Winter 2007, pp. 141–167.
2. Daryl Collins, Jonathan Morduch, Stuart Rutherford and Orlanda Ruthven, *Portfolios of the Poor: How the World's Poor Live on $2 a Day*, Princeton University Press, 2009〔邦訳　ジョ

ナサン・モーダック他『最底辺のポートフォリオ——一日二ドルで暮らすということ』野上裕生監修・大川修二訳、みすず書房、2011年〕。

3. Anne Case and Angus Deaton, "Health and Wellbeing in Udaipur and South Africa", Working Paper, January 2006.

著者略歴

(Esther Duflo)

MIT経済学部で貧困削減開発経済学担当のアブドゥル・ラティーフ・ジャミール教授．アブドゥル・ラティーフ・ジャミール貧困アクション研究所（J-PAL）の共同創設者，共同所長．研究では，貧困層の経済生活を理解し，それを社会政策の設計，評価につなげることを目指している．研究領域は，健康，教育，金融的包摂，環境，ガバナンス．パリ高等師範学校で史学の学位を取得後，MITで学び，1999年の博士号取得とともにMIT助教となって現在に至る．全米芸術科学アカデミーおよび計量経済学会のフェロー．2010年には40歳以下で最高のアメリカの経済学者に授与されるジョン・ベイツ・クラークメダル，2009年にはマッカーサー「天才」フェローシップ，2010年初代カルヴォ・アルメンゴル国際賞（Calvo-Armengol International Prize）など受賞歴多数．『エコノミスト』誌により若手経済学者ベスト8のひとりに選ばれ，2008年から4年連続で『フォーリン・ポリシー』誌の影響力の強い思想家100人に選ばれ続け，2010年には『フォーチュン』誌が選ぶ，最も影響力の高いビジネスリーダー「40歳以下の40人」にも選出．著書『貧乏人の経済学』（みすず書房，2012，共著）ほか．

訳者略歴

峯陽一〈みね・よういち〉同志社大学大学院グローバル・スタディーズ研究科教授．専門はアフリカ地域研究，人間の安全保障研究．著書『南アフリカ――「虹の国」への歩み』（岩波新書，1996）『現代アフリカと開発経済学――市場経済の荒波のなかで』（日本評論社，1999）編著『南アフリカを知るための60章』（明石書店，2010）*Preventing Violent Conflict in Africa*（Palgrave, 2013）監訳書 マンデラ『自由への容易な道はない』（青土社，2014）ほか．

コザ・アリーン　フランス，リール生．技術翻訳家．共訳書 マゴナ『母から母へ』（現代企画室，2002）．

エステル・デュフロ

貧困と闘う知

教育、医療、金融、ガバナンス

峯陽一／コザ・アリーン訳

2017年2月17日　第1刷発行
2018年3月9日　第2刷発行

発行所 株式会社 みすず書房
〒113-0033 東京都文京区本郷2丁目20-7
電話 03-3814-0131(営業) 03-3815-9181(編集)
www.msz.co.jp

本文組版 キャップス
本文印刷所 萩原印刷
扉・表紙・カバー印刷所 リヒトプランニング
製本所 誠製本

ISBN 978-4-622-07983-5
［ひんこんとたたかうち］

エコノミックス マンガで読む経済の歴史	グッドウィン／バー 脇山美伸訳	3200
例外時代 高度成長はいかに特殊であったのか	M. レヴィンソン 松本　裕訳	3800
収奪の星 天然資源と貧困削減の経済学	P. コリアー 村井章子訳	3000
最悪のシナリオ 巨大リスクにどこまで備えるのか	C. サンスティーン 田沢恭子訳　齊藤誠解説	3800
アメリカ経済政策入門 建国から現在まで	S. S. コーエン／J. B. デロング 上原裕美子訳	2800
ウェルス・マネジャー　富裕層の金庫番 世界トップ1%の資産防衛	B. ハリントン 庭田よう子訳	3800
ハッパノミクス 麻薬カルテルの経済学	T. ウェインライト 千葉敏生訳	2800
ライフ・プロジェクト 7万人の一生からわかったこと	H. ピアソン 大田直子訳	4600

（価格は税別です）

みすず書房